Lieschen Müller - Liebmann

MISTER ROSÉE

Bibliografische Information der Deutschen Nationalbibliothek:
Die Deutsche Nationalbibliothek verzeichnet diese Publikation in der Deutschen Nationalbibliografie; detaillierte bibliografische Daten sind im Internet über http://dnb.dnb.de abrufbar.

Lektorat und Korrektorat: B. Rentier
Covergestaltung und Fotos: Lieschen Müller-Liebmann

Herstellung und Verlag:
BoD – Books on Demand, Norderstedt
ISBN: 978-3-7557-1416-3

Widmung:

Für alle, die mir offen und ehrlich geantwortet haben und die dadurch schon vielen Menschen geholfen haben, etwas Unbegreifliches besser zu verstehen.

Inhaltsverzeichnis

Hinweise zu diesem Buch

Mein Name ist Lieschen Müller-Liebmann. Und ja, der Name ist ein Pseudonym, wie alle Namen der Personen und Orte, die in diesem Buch vorkommen.

Bei den Beschreibungen der sexuellen Erfahrungen der Männer kommt es schon mal „richtig zur Sache“, darum empfehle ich, dass Jugendliche unter 16 Jahren die Passagen nur mit Erwachsenen gemeinsam lesen.

Die Sprache der eigentlichen Geschichte ist die der 1980er-Jahre. Ganz bewusst habe ich die Aufzeichnungen so gelassen, wie ich sie damals mit meiner alten, noch nicht einmal elektronischen Continental–Schreibmaschine abgetippt habe. Lediglich die neue Rechtschreibung wurde benutzt, um es für heutige junge Menschen leserlicher zu machen. Das Manuskript in das heutige Deutsch zu „übersetzen“, schien mir nicht authentisch genug. Obwohl die Interviews teilweise Längen aufweisen, habe ich sie so gelassen, wie sie mir erzählt wurden.

Auf die Gendersprache habe ich verzichtet. Denn die gab es damals in den 1970er/1980er-Jahren noch nicht in der Form wie heute, obwohl man in dieser Geschichte mit den Geschlechtern auch schon mal so richtig durcheinander kommen kann.

Vorwort: Früherfahrungen späterer männlicher Homosexueller

Wenn ich das Wort „Zeitzeuge“ einmal im positiven Sinne, sprich ohne einen Kriegsbezug, nutzen darf, dann bin ich eine Zeitzeugin, die den Aufbruch der wilden Friedensgeneration in einer norddeutschen Kleinstadt miterlebt hat.

Unbeschwert, weltoffen und unfassbar neugierig auf neue Lebensformen, freie Gedankenäußerungen und durch diverse Selbstfindungsbewegungen entwickelte sich auch für Homosexuelle eine freiere, offenere Möglichkeit, ihre Sexualität auszuleben. Als Jugendliche waren wir alle, egal ob Homosexuelle, Heterosexuelle und alles, was es dazwischen gibt, so wie es sich für junge Menschen gehören sollte: unbeschwert und ohne Angst. Mit der Einstellung „Scheiß egal, was andere denken“, entdeckten wir die ganze Welt mit ihren vielen Facetten.

Ich bin Lieschen Müller – Liebmann, eine ganz normale und heterosexuelle Frau, deren beste Freundin sich in einen schwulen Mann verliebt hatte. Und ich wollte ihr helfen, das zu überstehen.

Die Geschichten, die hier erzählt werden, sind wahr. Sie sind mir von realen Menschen Ende der 1970er / Anfang der 1980er-Jahre erzählt worden und waren die Grundlage für meine damalige Examensarbeit.

Ich darf sie öffentlich erzählen unter der Voraussetzung, dass ich die Namen der Menschen und die Orte, in denen sie lebten, ändere. Das tat ich, denn in vielen Berufen war es (und ist es heute noch z. B. bei Fußballern u. a.) für die Karriere und das Privatleben nicht gut, wenn man sich offen zur Homosexualität bekannte.
Viele der Männer sind bereits gestorben, aus Altersschwäche, an „normalen" Krankheiten oder an AIDS.
Warum jetzt erst die Veröffentlichung eines so alten Manuskripts? Nun, das Leben war dazwischen gekommen, wie man so schön sagt. Ich will nicht behaupten, dass ich das Geschriebene vergessen habe, aber es war auf der Prioritätenliste sehr, sehr weit nach hinten gerutscht. Zudem hatte ich in den letzten Jahren keinen Kontakt zu homosexuellen Menschen, jedenfalls nicht bewusst.
Allerdings hat mich vor Kurzem etwas dazu gebracht, an meine damalige Examensarbeit zu denken. Neue Gesetze, die in Ungarn die Aufklärung über Homosexualität wieder verbieten und Werbung mit homosexuellen Inhalten sind ebenfalls verboten. In Polen gibt es sogenannte LGBT (lesbisch, schwul, bisexuell, transgender) – freie Zonen. Ein riesiger Rückschritt in Sachen freie Sexualität - und das mitten in Europa im Jahr 2021!
Meine Examensarbeit hieß: „Früherfahrungen späterer männlicher Homosexueller". Diesen Titel

hatte ich mit meinem Professor ausgeklügelt. Ich studierte nämlich Pädagogik für die Grundschule, weshalb die Altersklasse von 6 – 10 Jahren in der Arbeit eine Rolle spielen musste. Ich hatte das Ergebnis meiner Recherchen in eine Art Erzählung verpackt. Meinem Professor hatte ich die Arbeit gezeigt und er hätte sie auch so abgenommen, aber ich habe sie letztlich nicht abgegeben, weil ich nach Berlin gezogen war und das Studium nie abgeschlossen habe.
Und eigentlich war ja meine Frage: Was passiert, wenn sich eine heterosexuelle Frau in einen homosexuellen Mann verliebt? Kann sie den Mann „umpolen“?
Die Rahmengeschichte um die Interviews herum ist ebenfalls wahr. Ich war ganz versessen auf das Thema, denn anfangs war ich tatsächlich noch der Meinung, dass es einschneidende Ereignisse in der Kindheit geben musste, die jemanden dazu brachte, homosexuell zu werden, und dass man dann dort psychologisch einsetzen konnte, um die Sexualität zu ändern. Und glauben Sie es ruhig, wir haben damals vieles versucht, unsere „Auserwählten“, die auch aus heutiger Sicht uns Frauen auf ihre Art sicherlich geliebt haben, umzupolen.
Immer wieder bin ich darüber erstaunt, wie offen mir die homosexuellen Männer meine sehr intimen Fragen beantwortet haben. Und immer noch bin ich davon berührt, wie schwierig es ist, anders zu sein.

Auch heute noch, obwohl wir alle doch so weltoffen sind und Homosexuelle offen ihre gleichgeschlechtliche Liebe leben können. Heute interessiert es doch niemanden mehr, ob der Nachbar oder die Nachbarin schwul, lesbisch oder heterosexuell ist – oder???
Vielleicht müssen wir uns aber auch gerade jetzt daran erinnern, wie es damals war, als wir frei waren und alles offen sagen konnten. Das Entsetzen über die neuen, im Jahr 2020 geschaffenen Gesetze in den europäischen Ländern war so tief, dass ich die Examensarbeit, die über 40 Jahre in einem Karton lag und sämtliche Umzüge unbeschadet überstanden hat, digitalisieren ließ und sie für eine Veröffentlichung bearbeitet habe. Vielleicht musste das Thema reifen, damit es 2021 quasi als Zeitdokument in die Öffentlichkeit geht.
Jetzt, wo man einigen Ländern wieder vorsichtiger über Homosexualität sprechen muss und man nicht mehr so laut denken darf, ist es vielleicht an der Zeit, diese Geschichten zu erzählen, die die damaligen Homosexuellen erlebt haben. Sie haben die Grundlage dafür erstritten, dass heute Homosexuelle als Paar zusammenleben können.
Es ist nach wie vor nicht leicht, anders zu sein. Es erfordert viel Mut, Entschlossenheit und Durchhaltevermögen. So wie es überall Homosexualität gibt, wird es auch immer und überall Anfeindungen geben, wenn man anders als

die Allgemeinheit lebt. Die Männer, von denen hier erzählt wird, haben das alle an eigenem Leib erleben müssen.
Zudem konnte ich nirgends etwas über die Frauen finden, die ihre große Liebe bei einem homosexuellen Mann gefunden haben und nicht damit fertig wurden, dass es so ist, wie es ist.

Vorgeschichte Anfang 1980

Mit meinem Arbeitskollegen Joachim traf ich mich häufig nach Feierabend zum Essen. Heute saßen wir in einem Restaurant, das zu den besten in Berlin zählt und bekanntermaßen Homosexuellen gehört. Unser junger Kellner konnte seine homosexuelle Neigung auch vor ungeschulten Augen kaum verbergen. Er wurde von Joachim mit zufriedener Miene bewundernd begutachtet.

„Der sieht gut aus, nicht wahr?“

Ich schaute nur kurz von meinem Teller auf und sagte bedeutungsvoll: „Ja.“

Das Gespräch kam auf einen 22-jährigen Künstler in Joachims Verlag.

„Ich glaube, der Thomas entscheidet sich gerade, ob er schwul wird oder nicht“, überlegte Joachim. „Nicht, dass mir das wichtig ist, aber er hat manchmal so Bewegungen drauf – die scheinen mir recht eindeutig.“

„Ja, das stimmt schon, sagte ich, „aber schwul ist der nicht, glaube ich.“

„Wie willst du das wissen? Der hat doch eine Freundin ...“

„Das heißt gar nichts!“, unterbrach mich Joachim abrupt. „Ich hatte früher auch eine und bin jetzt trotzdem schwul.“

„Ich weiß, dass das nicht viel heißt“, seufzte ich. „Sogar aus eigener Erfahrung. Nur sagt mir mein

Instinkt, und der hat mich selten getrogen, der Thomas ist nicht schwul und wird's auch nicht. Jedenfalls nicht aus innerer Überzeugung heraus."

Nach einer kurzen Pause fragte mich Joachim: „Warum glaubst du als normal empfindende Frau so viel über Homosexualität bei Männern zu wissen?"

„Das glaube ich nicht zu wissen, ich weiß es. Ich war lange Zeit in der Szene. Aber das ist eine lange Geschichte, die vor gut sieben Jahren nicht unbedingt ungewöhnlich begann ...

Petra und ich

„Homosexualität, was ist das eigentlich?"
Diese Frage einer Freundin traf mich unvorbereitet. Das war mir auch ziemlich egal, ich kannte keine Homosexuelle – oder?! Man hörte ja hin und wieder, dass es mehr gibt als man denkt!
„Warum willst du das wissen?", fragte ich.
„Ich habe mich in einen verliebt, und der will nicht mit mir schlafen."
Erschien mir logisch. Das Einzige, was ich über Homosexualität wirklich wusste, war die Tatsache, dass es sich dabei um gleichgeschlechtliche Liebe handelt.

Der Duden von 1966[1] schreibt:
Homosexualität *– sich auf das eigene Geschlecht richtendes Geschlechtsempfinden, gleichgeschlechtliche Liebe im Gegensatz zur Heterosexualität;*
homosexuell *– gleichgeschlechtlich empfindend, zum eigenen Geschlecht hinneigend im Gegensatz zu heterosexuell;*
Homosexueller *– der Homosexualität Verfallener.*

---

[1] Quelle: Dudenredaktion, Der Grosse Duden Nr. 5, Fremdwörterbuch, 2. Auflage 1966

„Verfallen?“, staunte ich. „Demnach bin ich der Heterosexualität verfallen?“
Vorsichtshalber schaute ich auch das im Duden nach:
*„**Heterosexualität**:*
Das normale, sich auf das andere Geschlecht richtende Geschlechtsempfinden im Gegensatz zur Homosexualität (Med.);
***Heterosexuell**:*
Geschlechtlich normal empfindend, auf das andere Geschlecht bezogen im Gegensatz zu homosexuell.“

Beruhigt lehnte ich mich zurück und antwortete meiner Freundin: „Also wir sind normal, die sind verfallen. Wärst du ein Mann und verfallen, könntest du mit ihm schlafen.“
„Ich bin aber kein Mann. Dabei war ich mir hundertprozentig sicher, dass der mich anmacht, also mit flirten, in den Arm nehmen und so. Er brachte mich nach Hause, kam sogar mit in meine Wohnung. Wir hörten Disco-Musik und unterhielten uns. Na ja, und dann ergriff ich die Initiative, weil ich dachte, er sei einer von denen, die von einer Frau erobert werden wollen. Plötzlich war er wie versteinert. Er sagte, er könne nicht mit mir schlafen, er sei homosexuell.“
„Wer?“, wollte ich wissen.
„Ralf Tenge.“

Jetzt war an mir zu versteinern. Den gutaussehenden Ralf kannte ich seit einigen Jahren. Um ihn scharten sich die tollsten Mädchen, was mich bei seiner charmanten, sympathischen Art nicht wunderte. Dem liefen die Mädchen nach! Und der sollte schwul sein?
„Schade!“, entfuhr es mir.
Als Trost fiel mir nur ein Witz ein:
„Ich möchte meinen Namen ändern.“
„Wie heißen Sie denn?“
„Peter Schwul.“
„Das kann ich verstehen. Wie möchten Sie denn heißen?“
„Luise Schwul.“
Ich war verblüfft, nicht nur, dass ich plötzlich einen Schwulenwitz kannte, ich hatte auch einen homosexuellen Mann im Bekanntenkreis. Die Sache begann mich zu interessieren. Wenn Ralf nicht mit Mädchen schlief, wie befriedigte er sich sexuell; wo fand er Männer, die mit ihm ins Bett gingen; vor allem wann? Er wurde fast ausschließlich mit Mädchen gesehen und blieb meistens, bis die Lokale schlossen, was selbst in unserer Kleinstadt nicht unbedingt früh zu nennen war. Und warum amüsierte er sich mit Mädchen, wenn er auf Männer stand? Die Beantwortung dieser Fragen war so ohne Weiteres nicht möglich, da ich Ralf nicht so gut kannte. Aber kurze Zeit

später war mir ein Blick hinter die Homo-Kulisse vergönnt.

Meine Freundin Petra traf sich mit ihrem Arbeitskollegen Martin, 24 Jahre, ledig, sehr oft auch außerhalb des Büros in Diskotheken und Gaststätten. Kurz gesagt privat und es sah ganz so aus, als hätten sich die beiden ineinander verliebt. Martin, gutaussehend und charmant, lud Petra und mich eines Tages auf eine Party seiner Bekannten in der Nachbarstadt ein. Kurz vor dem Losfahren rief er an. Er könne nicht mitfahren, er hätte überraschend einen Termin für die Firma zu absolvieren, aber wir sollten ruhig fahren, seine Bekannten wüssten Bescheid und freuten sich. Seltsam schien mir das schon, aber warum sollten wir seine Freunde nicht ohne ihn kennenlernen? Wir klingelten an dem Bungalow, ein Herr von Ende dreißig öffnete uns.
„Wir kommen für Martin“, sagte Petra schüchtern.
Der Herr erschrak, rannte zurück in den Flur und schrie nach hinten: „Da sind zwei anstelle von Martin gekommen.“
Gekreisch und Getrappel – fünf junge Männer standen vor uns, erstarrten und sagten angewidert im Chor: „Mädchen!“
Trotzdem bat man uns herein, kredenzte uns galant einen Drink und starrte uns enttäuscht an. Es waren etwa dreißig Gäste da, zwei davon weiblich, Petra

und ich. Matthias, der Mann, der uns die Tür geöffnet hatte, sagte in die Stille: „Ein Mann nimmt einen Jungen mit in sein Hotelzimmer. Der Junge fängt an sich auszuziehen. 'Wie alt bist du?‘, fragt der Ältere.
'13.'
'Um Himmels willen, zieh dich sofort wieder an!'
'Wieso, sind Sie abergläubisch?'“
Es gab ein Riesengelächter und ein blonder Jüngling löste sich aus der Gruppe. Er kam auf uns zu und fragte: „Warum ist Martin nicht mitgekommen? Er hatte es mir so versprochen!“
Petra war nicht in der Lage etwas zu sagen. Sie starrte ihn verständnislos an, und mir fiel auch nur ein blödes „So?“ ein.
Enttäuscht setzte er sich in eine Ecke, während die anderen Gäste fröhlich durcheinanderpurzelten, Fangen spielten und hauptsächlich kreischten. Plötzlich stand eine Dame im langen, schwarzen Abendkleid vor uns, die sich in Sekundenschnelle als Erwin aus dem Sägewerk entpuppte.
„Dieser Martin, dieser kleine Schelm. Lässt er doch die süße, kleine Gerda ganz allein.“
Auf meine vollends verdutzte Frage: „Welche Gerda?“, erhob sich der blonde Jüngling.
„Das bin ich. Ich heiße Gerd.“
Er ging hüftenschwingend zu Matthias und knutschte ihn intensiv ab. Mein intelligentes „Aha!“

veranlasste Erwin, mir die neuesten Schminktricks zu verraten.

'Ein Käfig voller Narren', schoss es mir durch den Kopf. Über diesen Film hatte ich Tränen gelacht, es aber nie für möglich gehalten, dass es so etwas real gab, und schon gar nicht, dass ich mich persönlich mittendrin befinden könnte. Inmitten dieser Ansammlung von Traumtypen war mein einziger Gedanke die Frage, wie gehen die eigentlich miteinander ins Bett? Eine Sache war mir aufgefallen:
Die Homosexuellen teilten sich untereinander auch in männlich und weiblich ein – Gerd wurde Gerda, Andreas zu Andrea, Matthias blieb Matthias und Klaus blieb Klaus. Aber ging Klaus nur mit Gerda oder Andrea ins Bett oder auch mit Matthias?
Petra tat mir leid, aber sie ertränkte ihren Kummer gemeinsam mit Gerd(a). Hätte sie doch nur ihre Lehre aus allem gezogen und die Finger von Martin oder Martina gelassen. Allerdings waren Petra und Martin beruflich bedingt den ganzen Tag zusammen. Privat hatten sie dieselben Interessen, und im Allgemeinen hielt sie jeder für ein Traumpaar. Sie machten eigentlich alles zusammen - alles, bis auf den Sex. Das Chaos war perfekt als Petra nicht mehr damit fertig wurde, dass der Mann, den alle für ihren Freund hielten, bei den Männern in freier Wildbahn ihre Rivalin wurde. Es hatte sich

nämlich herausgestellt, dass nicht wenige Männer – trotz Frau oder Freundin – einen gleichgeschlechtlichen Ausflug strikt ablehnten. Nach außen, also in „normaler“ Gesellschaft, gab das natürlich niemand zu. Allerdings hatte ich gut zwei Jahre Zeit, dies von der anderen Seite zu beobachten. Hinzu kam, dass ich in der Zeit selbst den Versuch in Angriff genommen hatte, einen Homosexuellen zu verführen. Das erschien mir, wenn auch langwierig, dennoch machbar. Zumindest solange, bis Petra ihren dritten Nervenzusammenbruch hinter sich hatte und den ersten Selbstmordversuch unternahm. Martin spielte derweil weiterhin tagsüber ihren Freund, riss nachts scheinbar ungerührt die kleinen Blonden auf und ich begann mich mit Homosexualität „wissenschaftlich“ zu beschäftigen.

Martin

Es war mir klar geworden, dass Martin Petras Problematik überhaupt nicht bewusst war. Deshalb traf ich mich mit ihm zu einem klärenden Gespräch. Noch bevor ich zu Wort kam, ergriff Martin die Flucht nach vorn und sagte: „Sie hat gewusst, dass ich schwul bin. Da kann sie doch nicht erwarten, dass ich mir ihr schlafe."

Auf diese durchaus richtige Einstellung wusste ich zuerst nicht zu antworten. Martin saß mir gegenüber wie ein in die Enge getriebenes Kaninchen und glotzte mich aggressiv-erwartungsvoll an, gerade so als ob ich eine Lösung für diese Situation parat hätte. Das hatte ich nun davon, dass ich mich um Dinge kümmerte, die mich nichts angingen; mit Petra hatte ich eigentlich genug zu tun, aber ich musste mir ja auch noch Martins Probleme aufhalsen. Also stammelte ich in meiner verantwortungsvollen Rolle: „Gefühle sind nicht logisch und schon gar nicht steuerbar. Sie hat sich in dich verliebt, da gelten eben andere Gesetze."

Martin guckte mich so verblüfft an, dass ich meinen Auftritt als Racheengel am Tag zuvor verfluchte. Schließlich war Martin nicht freiwillig zu diesem Gespräch erschienen, sondern ich hatte ihn mit einem spektakulären Tobsuchtsanfall vor seinen Freunden zum sonntäglichen Frühstück überrascht. Ich brachte ihm so zartfühlend bei, dass ich soeben

Petra aus dem Krankenhaus vom Magenauspumpen abgeholt hatte, dass ich als Schwester Rabiata in die Cliquen-Geschichte einging. Ich kann mich nur noch daran erinnern, dass ich Martin mit erhobenem Zeigefinger für den nächsten Abend zu mir zitierte. Nun war er tatsächlich hier, hasste mich und ich konnte mein geplantes Referat über Liebe und Partnerschaft vergessen. Ich musste nämlich viel grundlegender anfangen. Daher fragte ich ihn: „Weißt du eigentlich, was eine Frau ist?"
„Ja natürlich, so was wie meine Mutter!", antwortete er spontan, wobei man ihm seinen Gedanken, ich sei verrückt geworden, deutlich ansah. Ich ließ mich nicht irritieren und fragte weiter: „Was verbindest du mit dem Begriff Frau?"
Er zögerte.
„Eine Frau ist ein Kumpel, Gesprächspartner, Ausgehpartner – Mensch. Also ein Mensch, von dem ich Verständnis für mich erwarte."
„Und was ist ein Mann?", wollte ich wissen.
„In erster Linie Sexobjekt, dann Kumpel und Gesprächspartner. Männer sind welche, die man anmachen kann und mit denen man in den 'Vulkan' oder andere einschlägige Lokale gehen kann."
„Was ist ein Homosexueller?"
Martin schaute mich erstaunt an und meinte: „Das ist jemand, der mich anmacht oder ich ihn. Es gibt nur sehr wenige Menschen, die Verständnis für mich zeigen und denen ich alles erzähle. Das sind

dann die sehr guten Bekannten, wie Wolfgang zum Beispiel."
Meine nächste Frage, was der Unterschied zwischen einem Mann und einem Homosexuellen sei, beantwortete er sehr bedächtig. Ich merkte, dass er zum ersten Mal darüber nachdachte.
„Ein Mann benimmt sich in einer normalen Diskothek genauso wie ein Homosexueller in einer einschlägigen. Also immer irgendwie in Anmachposition. Ein Homosexueller muss sich aber in einer normalen Diskothek zurückhaltender verhalten. Um nicht unangenehm aufzufallen oder bei den Normalen anzuecken, umgibt er sich meistens möglichst mit Mädchen, die aber dadurch, dass sie von dem vermeintlichen Mann nicht angemacht werden, häufig wechseln und der Homosexuelle bei den Normalen oft als Casanova identifiziert wird. Bei mir und Petra war das anders. Sie machte mich ja nicht an, und ich dachte, es ginge ihr auch nur um den Spaß, den wir immer beim Ausgehen hatten. Mir war das natürlich sehr recht, vor allem für meine berufliche Position war es eine ideale Verbindung. Erst jetzt wird mir klar, dass sie keine Möglichkeit hatte, sich sexuell zu befriedigen. Wir galten ja als Paar. Bei euch ist das wohl anders; da ist es immer gleich mit Liebe und Händchenhalten, Zusammengehörigkeitsgefühl und bloß nicht fremdgehen – Sex gibts nur mit dem jeweiligen Freund. So etwas ist bei uns sehr selten.

Da hat Sex nur wenig mit Freundschaft zu tun. Für mich schon gar nicht. Wenn mir einer sagt, ich liebe dich, renne ich kreischend weg. Liebe erdrückt mich, sie schränkt mich in der Freiheit „andere Objekte“, wie du das immer genannt hast, kennenzulernen.“

Es war das erste Mal in unserer Bekanntschaft, dass wir uns ernsthaft unterhielten, weshalb mich Martins Ausführungen besonders nachdenklich stimmten. Ich hatte mich bei dem einschlägigen Ausgehen in homosexuelle Lokale der umliegenden größeren Städte immer köstlich amüsiert, eben weil ich nicht angemacht wurde und meistens sehr zuvorkommende und interessante Gesprächspartner gefunden hatte. Allerdings hatte ich tatsächlich äußerst selten umschlungene Pärchen gesehen. Zwischen meiner ersten Herrenparty und diesem Gespräch mit Martin lagen gut zwei Jahre. Alles, was ich in der Zeit erlebt hatte, lief plötzlich wie ein Film vor mir ab.

Nachdem Petra und ich seinerzeit völlig unvorbereitet in die „Szene“ eingeführt worden waren und die Feuerprobe scheinbar bestanden hatten, gehörten wir zu der großen Familie der Homosexuellen, was eigentlich nichts anderes hieß, als dass man uns unbesorgt überall mit hinnehmen konnte und wir die Homosexuellen „Schwule“ nennen durften, ohne dass sie beleidigt waren.

Das Wort „schwul“ stammt übrigens laut Duden aus dem Niederländischen und ist die ältere Form von schwül, was außer „feucht-warmes Wetter“ auch „erotisierend, von Sinnlichkeit erfüllt“ heißt. Aus dieser Kombination ist vermutlich der abfällige Begriff „warmer Bruder“ entstanden. Dem Wort schwul haftet auch heute noch ein negativer Beigeschmack an, weshalb sich die Betroffenen selbst mehr und mehr als „gay“ bezeichnen. Gay stammt aus dem Englischen und heißt übersetzt: lustig, munter, vergnügt, fröhlich, lebhaft, gesellig, vergnügungssüchtig, ausschweifend, zügellos, hell, glänzend, farbenfroh, bunt. Dies alles zusammen ist die passendste Beschreibung der „Szene“, deren fröhlich-bunte Seite ich ja kennengelernt hatte. Bei meinem ersten Besuch in einer Gay-Diskothek in einer größeren Nachbarstadt kam ich mir ganz schön merkwürdig vor. Zunächst musste man am Eingang klingeln. Ein niedlicher Türsteher öffnete, musterte uns von oben bis unten und brummelte Martin zu: „Die aber nur, weil du´s bist!“

Martin erwiderte: „Das ist schon in Ordnung, das sind meine Freundinnen“.

Diesen „Privat-Club-Charakter“ haben auch die meisten schwulen Gaststätten und Cafés. Es gilt als ungeschriebenes Gesetz auf der ganzen Welt, dass unbekannte Männer in Begleitung von Frauen nur selten eingelassen werden; Frauen allein auch nur dann, wenn sie bekannte Lesben sind oder Bekannte im Lokal haben. So ist es nicht verwunderlich, dass kaum jemand von der Existenz solcher Läden weiß. Wie ich später feststellte auch die „neuen“ Homosexuellen nicht, die irgendwann merken, dass sie sexuell anders empfinden. Viele denken lange, sie seien die Einzigen, die so empfinden und entdecken zufällig, dass es nicht nur andere Homosexuelle, sondern auch einschlägige Lokale und Literatur gibt. Nach diesem sogenannten „Coming-out“ sind sie ziemlich schnell in die Szene integriert und wissen, welche anderen Kontaktmöglichkeiten es gibt: Parks, Bahnhöfe, öffentliche Toiletten (Klappen), Saunen und vor allem in allen Lebensbereichen Blickkontakte. Nach relativ kurzer Zeit kann man die „normalen“ Männer von den Homosexuellen unterscheiden. Das gelang selbst mir nach einem Jahr mit einer Trefferquote von etwa neunzig Prozent, egal welche Tarnung sie hatten. Woran ist mir bis heute rätselhaft, man merkt es einfach.

Damals, bei meinem ersten Gay-Disco-Besuch, hatte ich natürlich keine Ahnung von all dem. An der Theke gesellte sich eine Dame im Brokatkleid und echten Klunkern zu uns und bemerkte mit tiefer Stimme: „Wir Frauen müssen doch zusammenhalten.“

Mir fiel sehr bald auf, dass diese „Dame“ von seinen männlichen Kolleg(inn)en gemieden wurde.

Warum wusste ich nicht, war mir auch egal. Ich ließ meinen Blick umherschweifen, um nach Martin Ausschau zu halten. Die Gäste, natürlich alles Herren, waren zwischen sechzehn und fünfzig Jahre alt. Alle waren mehr oder weniger damit beschäftigt, einen anderen Mann anzumachen. Mein Blick blieb an einem etwa fünfzig Jahre alten Mann hängen. Mir stockte der Atem! Ich schaute drei Mal hin. Tatsächlich, es war Herr Müller: Unternehmer, verheiratet, zwei Kinder und wohnhaft in meiner Nachbarschaft. Er war soeben damit beschäftigt einen der Jünglinge zu umgarnen. Gleichzeitig sah Herr Müller mich und war ebenso peinlich berührt wie ich. Wir starrten uns einige Zeit entsetzt an, aber da sich der Erdboden nicht auftat, beschlossen wir insgeheim, uns nicht gesehen zu haben. Ich hatte keine Zeit, um über das Ereignis nachzudenken, denn in dem Moment kam Martin zurück. Er hatte einige seiner Bekannten zusammengetrommelt und mit den Männern eine Art Beschäftigungstherapie für Petra und mich zusammengestellt. Für mich war es das erste Mal, dass ich mich mit einem Mann in einer Diskothek über ägyptische Pharaonen unterhielt und mich mit einem anderen nach dem ersten Handschlag. Allerdings hatte mich mein Auserwählter schon nach wenigen Minuten vergessen. Als nämlich ein sehr gut aussehender junger Mann die Diskothek betrat, war und blieb er verschwunden.

Erst viel später fiel mir auf, wie geschickt Martin diesen Abend arrangiert hatte. Er und seine fünf Freunde wechselten sich nahtlos ab, zwei waren immer bei Petra und mir, die anderen verschwanden mal für eine halbe Stunde oder tanzten auffällig. Kurz nach meiner „Verlobung“ hieß es, wir gehen zu „Zwinker-Else“, die sich als ein Bistro entpuppte, dessen Besitzer Augenzucken hatte. Der erste Eindruck dieses Gay-Cafés war: roter Plüsch. Ein Piano stand auf einer bühnenähnlichen Erhöhung und die Theke war sehr lang. Alles war so eingerichtet, dass jeder jeden von allen Plätzen aus sehen konnte, wodurch eine Großfamilien-Wohnzimmer-Atmosphäre entstanden war. Martin raunte uns zu: „Hier könnt ihr mal ein paar richtige Tunten sehen.“

Das Wort Tunte bezeichnet in unserem allgemeinen Sprachgebrauch genau das, was sie sind: Homosexuelle mit femininem Gebaren.

Der Duden schreibt *(etwa in den 1980er-Jahren)*: Passiver weiblicher Homosexueller.

Die Charakterisierung einer richtigen Tunte lautet aus meiner Sicht etwa so: Mit sehr starkem Hüftschwung und kurzen abgehackten Schritten laufen; mit künstlicher, hoher näselnder Stimme sprechen; abgespreizter kleiner Finger und gezielt ausgestoßene hohe, spitze Schreie.

Bei „Zwinker-Else“ trafen mehrere dieser Edeltunten aufeinander, sodass ein harter Konkurrenzkampf ausbrach. Jeder wollte jedem die Schau stehlen. Die erste halbe Stunde war dieser Anblick irre lustig, aber dann hatte ich für dieses zänkische Gekreisch nur noch ein gequältes, mitleidiges Lächeln übrig. Derartige menschliche Auswüchse konnte ich bei den Schwulen genau so wenig leiden wie bei den Normalen. Und vielen Schwulen ging das genauso.

Wolfgang

In diesem Rahmen lernte ich Martins besten Freund Wolfgang kennen. Er war nur zwei Jahre älter als ich und wirkte auf mich völlig normal. Mit ihm verband mich auf Anhieb eine sympathische Zuneigung. Er erzählte mir, dass Frau Erwin, den wir auf der Herrenparty kennengelernt hatten, in seiner Heimatstadt versehentlich als Nutte verhaftet worden sei. Die Polizistinnen seien bei der Leibesvisitation sehr erschreckt gewesen. Er hatte keinen Ausweis bei sich und zunächst glaubte niemand, dass er ein Mann war. Wolfgang traute ich mich zu fragen, warum Erwin Frauenkleider trägt.
Er erklärte mir in seiner ruhigen, vernünftigen Art: „Wie in jeder Gesellschaftsgruppe gibt es auch bei uns Randgruppen. Menschen wie Erwin gehören zwar zu der Gruppe der Homosexuellen, das heißt, er ist ein Mann, dessen Sexualpartner ebenfalls Männer sind. Nur, und das ist der Unterschied zu mir zum Beispiel, er fühlt sich als Frau. Treffender ausgedrückt wäre es so: Erwin ist eine Frau, die im falschen Körper, also in dem eines Mannes geboren wurde. Ich habe mich vor Kurzem sehr lange mit ihm unterhalten. Das kann man, auch wenn du mir das jetzt nicht glaubst. Im Grunde ist Erwin ein sehr einsamer, unglücklicher Mensch, der seine Unsicherheit hinter dieser übertrieben auffälligen und tuntigen Art verbirgt. Er hat sich entschlossen,

sich umspritzen zu lassen; das heißt, er macht eine Hormonkur, die bewirkt, dass er eine weibliche Brust bekommt und sein Penis verkümmert. Das bekannteste Beispiel für eine solche Geschlechtsumwandlung ist in Deutschland Romy Haag. Na ja, und man munkelt auch immer wieder, dass Amanda Lear früher ein Mann war. Die gesellschaftliche Stellung dieser Leute ist im wahrsten Sinne des Wortes zwitterhaft. Nach der Umwandlung gehören sie nicht mehr zu den Homosexuellen und auch nicht in den Heterosexuellen-Bereich. Oft bleibt ihnen nur die totale Auffälligkeit, die Showbranche oder die Prostitution. Du musst wissen, das ist was anderes als bei den Transvestiten. Das sind Männer, die sich als Männer fühlen, sie lieben es einfach nur sich Frauenkleider anzuziehen, so wie du vielleicht lieber Jeans und T-Shirts anziehst als Rock und Bluse."

Während des gesamten Monologs hoffte ich inständig, dass meine Kinnlade nicht herunter geklappt war. Weniger wegen der Informationen, denn vergleichbare Randgruppen-Schicksale gab es mit Sicherheit auch im heterosexuellen Bereich. Aber ich konnte einfach nicht begreifen, dass dieser Wolfgang ein Schwuler sein sollte. Das war doch ein völlig normaler Mann, der sexuell auf Männer stand, eben homosexuell war.

Das Wort Schwuler kam mir plötzlich wie ein Schimpfwort vor, was viele Normale auch als solches benutzten. In dem Moment wurde mir klar, warum mich meine Eltern ständig gewarnt hatten: „Du bist mit so vielen Schwulen zusammen. Das ist nicht gut für deinen Ruf." In meiner jugendlichen Anti-Gesellschaftseinstellung hatte ich mich über dieses Argument immer furchtbar aufgeregt, mir aber nie die Mühe gemacht nachzufragen, warum sie diese Einstellung hatten. Was wussten meine Eltern tatsächlich über Homosexualität? Das letzte reale Erlebnis mit Schwulen hatte mein Vater kurz nach dem Zweiten Weltkrieg durch einen Bekannten, der einer Vergewaltigung durch einen Homosexuellen auf offener Straße nur deshalb entgangen war, weil er schneller als der andere Mann laufen konnte. Die restlichen Informationen, die das Bild der „kriminellen Schwulen" noch festigten, kamen aus der Presse. Funk und Fernsehen nahmen sich des Themas nur an, wenn ein Homosexueller im rechtlichen Sinn kriminell geworden war, oder wenn eine besonders typische Tunte als der „warme Detlef" schlechthin vermarktet werden konnte oder wenn sich einer auf spektakuläre Art und Weise gegen die Intoleranz der normalen Gesellschaft auflehnte. Dieses Puzzle zusammengesetzt ergab einen Schwulen, wie ihn sich meine Eltern und damit die meisten Bürger vorstellten, ja gar nicht anders vorstellen konnten.

Sie ahnten nicht im Entferntesten, dass der nette Nachbar Müller auch „so einer“ war. Und Wolfgang würde als idealer Schwiegersohn-Anwärter freudig in die familiären Arme geschlossen werden. Diese Probe aufs Exempel bestanden meine Eltern übrigens glänzend. Nachdem ich ihnen erzählt hatte, „was“ mit Wolfgang los war, unterhielten wir uns zum ersten Mal vernünftig über Homosexualität und benutzten seitdem die Worte Schwule oder schwul nur noch sehr selten.

Durch Wolfgang lernte ich die normale, eher unauffällige Seite der Homosexualität kennen, wie sie die meisten Betroffenen leben. Er sagte zu mir: „Warum soll ich mir ein rosa Schild 'ich bin schwul' um den Hals hängen? Der größte Teil der Bevölkerung wählt den Weg des geringsten Widerstandes. Das tue ich auch. Ich habe mich mit meiner Homosexualität abgefunden. Sämtliche Probleme, die das mit sich bringt, löse ich für mich persönlich in einer der heterosexuellen Gesellschaft angepassten Art und Weise. Möglicherweise ist das feige, aber sag mir einen einzigen vernünftigen Grund, warum ich zum Beispiel meinem Vater, der weit über siebzig ist und den zweiten Herzinfarkt hinter sich hat, die letzten Jahre mit meinem Problem verderben soll. Ihm sage ich nicht, ich bin schwul, sondern ich werde nicht heiraten. Wäre ich verheiratet, würde ich versuchen, ihm eine Trennung oder Scheidung ebenso zu verheimlichen. Das ist meine Art, mein Leben zu leben. Ich habe im Beruf und privat genug Probleme, da werde ich mir bewusst sicher nicht noch mehr aufhalsen und schon keine, die meine unmittelbare Umgebung belasten. Ich lege es nicht darauf an, von irgendjemandem Arschficker genannt zu werden. Obwohl mir klar ist, dass diese Menschen nur wissen wollen, wie der Geschlechtsakt zwischen Männern technisch abläuft. Denen kann ich nur empfehlen, in einen Sex-Shop zu gehen und sich einen entsprechenden Film anzusehen. Ein größeres Menschenverständnis erwerben sie sich dadurch wohl nicht. Um unerfreulichen Konfrontationen mit solchen biederen, uneinsichtigen Mitbürgern aus dem Weg zu gehen, nutze ich die gesellschaftliche Lücke des Junggesellenlebens, das ja auch einen Außenseiterstatus hat. Für mich und viele andere Homosexuelle ist das die idealste Lebensform, in der man am unauffälligsten in der heterosexuellen Gesellschaft bestehen und trotzdem seine sexuelle Neigung ausleben kann. Ich bin nun einmal homosexuell und kann mit keiner Frau Geschlechtsverkehr haben."

Das leuchtete mir ein. Ich konnte mich schließlich auch nicht mit Gewalt dazu bringen, eine Frau sexuell anziehend zu finden. Wolfgang wurde im Laufe der Zeit neben Petra meine beste Freundin,

mit der sich langweilen genauso viel Spaß machte wie sich vergnügen.
Bis Petras erstem Nervenzusammenbruch war ich davon überzeugt, ihr Verhältnis zu Martin hätte sich genauso entwickelt. Allerdings benahm sich Martin ganz anders als Wolfgang, er war wesentlich getarnter.
Er traf seine homosexuellen Verabredungen auch uns gegenüber weitestgehend heimlich, sodass Petra die Tatsache, dass Martin unzweifelhaft homosexuell war, nicht richtig bewusst werden konnte. Fast wäre es mir gelungen, ihr das klar zu machen, aber ...

Eines Abends machte mir Wolfgang nach dem zehnten Whisky einen Heiratsantrag, nach dem zwölften sagte ich „Ja“. Während dieses Spiels kugelten wir uns vor Lachen, denn was gab es Sinnvolleres auf der Welt als die beste Freundin zu ehelichen. Vor lauter Übermut gaben wir uns einen Verlobungskuss, der nur als äußerst innig bezeichnet werden konnte. Ich war so überrascht, dass ich völlig vergaß zu fragen, ob Wolfgang mich vielleicht für einen Mann hielt. Jener denkwürdige Tag des Kusses veranlasste mich, über eine mögliche Umpolung nachzudenken. Immerhin bewies ja die Existenz von Nachbar Müllers Kindern, dass ein Homosexueller den Geschlechtsakt mit einer Frau technisch bewältigen konnte.

In Petra fand ich natürlich eine überinteressierte Verbündete. Wir glaubten allen Ernstes, dass die beiden ihr homosexuelles Leben lang darauf gewartet hatten, von uns gerettet zu werden, weshalb wir sofort der Bekehrungsaktion erster Teil starteten: Fraulich und liebreizend sein. Ergebnis: Petras zweiter Nervenzusammenbruch aufgrund keiner Reaktion. Der zweite Teil beinhaltete die eifersüchtig-brutale Art, von der sich Martin und Wolfgang weder endgültig abschrecken, aber auch nicht verführen ließen. Ergebnis: Petras dritter Nervenzusammenbruch. Den erlebte Wolfgang zu seinem Entsetzen höchstpersönlich mit.
Exakt seit diesem Tag unterließ er seine allabendlichen Routine-Heiratsanträge, während Martin seine nächtlichen Sex-Verabredungen so traf, dass wir sie auf jeden Fall mitbekommen mussten. Petras Reaktion darauf war der verzweifelte Versuch einer Frau, das abhandengekommene Selbstbewusstsein wieder zu erlangen. Es gab für sie nur eine Bestätigung als Frau, nämlich dass sie auf Männer wirkte; und wenn das nicht Martin war, dann wenigstens irgendein „richtiger“ Mann. Doch plötzlich schien es nur noch schwule Männer zu geben, die zu allem Überfluss auch noch über Petra an Martin herankommen wollten. Diese prekäre Situation führte innerhalb kürzester Zeit zu ihrem gestrigen Selbstmordversuch.

Ich versuchte Martin diese Gedanken in unserem Gespräch deutlich zu machen. Er gab sich sehr viel Mühe, das zu verstehen, aber natürlich richtete er an mich die Frage: „Was soll ich denn jetzt tun?“
Ich riet ihm, die Verbindung zu Petra rigoros abzubrechen. Seine spontane Antwort versetzte mich in tiefstes Erstaunen: „Das will ich nicht! Sie ist doch der einzige Mensch, außer meiner Mutter, der mir etwas bedeutet.“
Hatte er denn den Ernst der Lage nicht erkannt oder wollte er ihn nicht erkennen? Eine Änderung seines Verhaltens Petra gegenüber war jedenfalls nicht zu erwarten und bedingt durch den gemeinsamen Arbeitsplatz konnte Martins Einstellung für Petra lebensgefährlich werden. Wolfgang schlug einen vorläufigen Partnertausch vor, er wollte sich um Petra kümmern, und ich sollte Martin zu einer Entscheidung verhelfen. Um uns in unserer Kleinstadt nicht in die Quere zu kommen, gingen Wolfgang und Petra normal aus, während Martin und ich schwul unterwegs waren. Im weiten Umkreis gab es für Martin und mich nur eine einschlägige Möglichkeit, eine ziemlich kleine, dunkelrot eingerichtete barähnliche Gaststätte, die immer länger als die normalen Lokale geöffnet hatte. Wirt Hubert war die schwule Seele des Lokals, das ich mit Wolfgang schon einige Male besucht hatte. In unserem Cliquen-Sprachschatz hatte das Wort Hubert, unauffällig in eine

heterosexuelle Unterhaltung eingeflochten, die symbolträchtige Bedeutung erlangt „Du, da ist ein Homosexueller anwesend."
Bei Hubert traf man nach Mitternacht diejenigen, die ihre weiblichen Begleitungen artig zu Hause abgeliefert hatten und vor dem Schlafengehen noch ein bisschen schwul sein wollten, und diejenigen, die ihre männlichen Verabredungen abholen wollten. Einige wenige, zumeist lesbische Frauen verkehrten dort. Nur in diesem Rahmen, da war ich mir sicher, konnte die Lösung aller unserer Probleme zu finden sein. Martin hatte hier Heimvorteil und benahm sich ganz normal schwul. An der relativ langen Theke sicherte ich uns einen Stammplatz. Für mein „wissenschaftliches" Entree thronte ich auf einem Barhocker, verkündete den wenigen anderen Gästen, ich wolle die Ursachen der Homosexualität ergründen und Martin sei das Forschungsobjekt. Der bog sich vor Peinlichkeit, die anderen vor Lachen. Doch hin und wieder fragt sich jeder Homosexuelle, wann, wie und warum er schwul geworden ist, weshalb das Gejuche und die abfälligen Bemerkungen bei meiner ersten Frage an Martin verstummten.
„Wie wird man eigentlich schwul?"
„So ohne Weiteres kann man das nun gar nicht beantworten", sagte Martin, „Meine Mutter klärte mich schon sehr frühzeitig auf, mit neun Jahren wusste ich bereits über die Feinheiten Bescheid.

Mein erstes Erlebnis hatte ich mit dreizehn; das war so ein typisches, das fast jeder Junge hat. Ein Schulkamerad, mit dem ich die Umkleidekabine in einer Badeanstalt teilen musste, fing an, über Wichsen zu reden. Zwar wusste ich, dass es Selbstbefriedigung gibt, hatte aber keine Ahnung, wie man das macht. Ja, und dieser Typ zeigte mir damals die Praktik. Wir wohnten in einem sehr kleinen Dorf an der Mosel in einem Internat, in dem meine Mutter, die ledig ist, arbeitete. Mit den Jungen ergab sich immer wieder die Möglichkeit 'so was' zu machen. Mit vierzehn hatte ich dort auch den ersten Geschlechtsverkehr mit einem Schulkameraden. Damals wurde mir bewusst, dass ich anders war. Die anderen stellten sich nämlich immer vor, wie das wohl mit Mädchen ist, und ich dachte immer nur an Jungen. Gesprochen habe ich nie darüber. Ich war davon überzeugt, ich sei der einzige Mensch auf der Welt, der so empfindet. Erst einige Jahre später, als ich hierhergezogen war, sprach mich in der Diskothek ein Modeschöpfer aus Paris an und nahm mich mit zu Hubert. Da begriff ich, dass ich absolut nicht der einzige Homosexuelle war, dass es reine Herrenlokale gab und dass ich dazu gehörte."

„Hast du denn nie die Möglichkeit oder das Bedürfnis gehabt, mit Mädchen zu schlafen?", wollte ich wissen.

„Nein, an Mädchen hatte ich nie Interesse. Die waren ausgezeichnete Spielgefährten, aber nichts Sexuelles. Ich habe bis heute nicht das Gefühl, dass mir die heterosexuelle Erfahrung wirklich fehlt. Manche brauchen die, um zu wissen, wohin sie gehören. Bei den Bisexuellen ist es ja sogar so, dass ihnen der Geschlechtsverkehr mit Frauen ebenso gut gefällt wie mit Männern."
„Meinst du nicht, dass du heute normal wärst, wenn dich damals nicht dein Schulkamerad, sondern ein Mädchen verführt hätte?"
„Nein! Mein Schulkamerad ist ja auch normal geworden. Das sind durchaus übliche Pubertätserscheinungen, die Jungen und auch Mädchen in dem Alter untereinander haben. Verführung kann man das nicht nennen."

Hier mischte sich ein Gast in unsere Unterhaltung.
„Ich bin Heinz, Psychologe und ich muss mal was zu der Verführungssache sagen. Es wird immer wieder behauptet, vor allem von Eltern junger Homosexueller, dass ihr Sohn von jemandem verführt worden und deshalb homosexuell geworden sei. Das ist ein Vorurteil. Verführung beinhaltet zwei Komponenten. Erstens die Person, die verführen will und zweitens die Person, die sich verführen lässt. Die verführte Person muss aber dem Verführer die Bereitschaft zu Verführung dokumentiert haben. Gerade bei zwei Männern,

denn – na ja – immerhin müssen beide im Bett einen hochkriegen. Vor Kurzem hat sich der bekannte homosexuelle Soziologe Dr. Martin Dannecker zum Thema Verführung geäußert. Er sagt, dass es wissenschaftlich eindeutig und sauber nachgewiesen ist, dass es so etwas wie Verführung zur Homosexualität nicht gibt. Zwar könne man jemanden zu einem homosexuellen Kontakt bewegen, aber daraus folge keine dauerhafte Homosexualität und auch kein psychisches Trauma."
Heinz führte weiter aus: „Ich persönlich bin damals von einem Mann verführt worden. Mich hatte es gereizt, das einmal auszuprobieren, deshalb ließ ich mich verführen. Danach wusste ich, dass ich homosexuell bin. Das Erlebnis hätte mich aber auch ebenso gut abschrecken können."

Diese sehr persönlichen und detailgetreuen Informationen müssen mir einen Intimschock versetzt haben. Ich dachte wohl, ich sei auch ein homosexueller Mann. Anders kann ich mir nicht erklären, warum ich auf die Herrentoilette ging und mich über den anwesenden Mann noch nicht einmal wunderte. Er hieß Peter und erzählte mir, er hätte gerade eine Schwulengruppe gegründet. Er steckte mir eine Visitenkarte zu und schlug vor, ich könne mich ja mal bei ihm melden.

Matthias

Im Lokal hatte sich inzwischen eine heiße Diskussion entwickelt, in der sich Matthias aus der Nachbarstadt, den wir damals bei unserer ersten Herrenparty kennengelernt hatten, gleich bei seiner Ankunft einmischte. Martin hatte genug vom Erzählen seiner Lebensgeschichte, nahm eines seiner typischen, kleinen blonden „Objekte“ von der winzigen Tanzfläche an die Hand und verschwand, ohne sich weiter um mich zu kümmern.

Matthias sah mich mitleidig an und fragte: „Das ganze Theater geht wohl um Martin und Petra?“

„Ja.“

Ich erzählte ihm kurz was passiert war. Er bestellte uns einen Drink, der mit sehr guttat.

Ich fragte ihn: „Ist denn bei den beiden eine Ehe oder Ähnliches denkbar?“

„Das ist ´ne schwierige Frage. Da kommt´s immer auf die einzelnen Personen an. In unserer Stadt haben wir zum Beispiel ein Ehepaar, da ist er bisexuell, sie haben zwei Kinder. Als der Mann uns vor etwa sechs Jahren kennenlernte, wollte er sich scheiden lassen. Er sagte: 'Das ist das Leben, das ich eigentlich mal wollte.' Wir haben ihm dann gesagt, 'Mensch, mach das nicht. Du bist wahnsinnig! Deine beiden Kinder und deine Frau, verlasse die nicht. Tu erst mal das einzig Richtige und rede mit ihr.' Die Frau ist sehr intelligent, und ich glaube, dass intelligente Menschen sowieso viel mehr Verständnis für uns haben. Jedenfalls sprach er mit ihr, und sie war natürlich vollkommen fertig. Nach Wochen, als sie erst mal alles ein bisschen verdaut und überlegt hatte, sie hatte sich zwischenzeitlich von einem Psychiater beraten lassen, sagte sie ihm: 'Nun, wir müssen halt damit leben', denn der Mann liebt seine Kinder und seine Frau. Jetzt hat sie ihm so viel Freiheit gelassen, dass er einmal in der Woche machen kann was er will. Sie weiß also, er geht zu Männern. Er geht sogar in dieses Haus in einem Nachbardorf, ein Männerbordell ist das. Er hat sich dort ein Zimmer gemietet und hat Freier, die unheimlich großzügig sind. Das Ehepaar hats eigentlich gar nicht nötig, zusätzlich Geld zu verdienen, denn die haben ein gut gehendes Baugeschäft."

„Was es alles gibt", wunderte ich mich, „Und das geht gut bei denen?"

„Ja. Die Frau sagt, wenn sie nichts davon sieht und hört, ist´s ok. Er hat also seinen freien Tag und geht weg, kommt am nächsten Tag wieder und alles ist wie immer. Die Bedingung ist, hat sie gesagt, 'dass sich in unserem Verhältnis nichts ändert, und du mich weiterhin liebst und alles beim Alten bleibt.' Na ja, ich muss sagen, der Mann ist so ein bisschen nymphomanisch, also der kann immer und sie sagt, 'aber sobald du mich vernachlässigst oder sich unser

sexuelles Verhältnis ändert, dann ist Schluss, dann lass ich mich scheiden.'"
Psychiater Heinz warf ein: „Ich könnte mir vorstellen, wenn die Frau einen anderen Mann kennenlernt, der ihr etwas anderes bietet, denkt sie anders darüber."
„Ja", sagte Matthias, „das haben wir ihr auch gesagt, ihr Mann übrigens auch. Sie soll doch mal ausgehen, aber das tut sie nicht. Sie sagt, das kann sie nicht, weil sie dann ein schlechtes Gewissen hätte. Das geht bei den beiden nun schon sechs Jahre lang gut. Vor einiger Zeit waren mal beide bei uns zu Besuch und ich finde, die führen eine fantastische Ehe. Aber das liegt eben nur an der Frau, die ist dermaßen tolerant."
„Das ist aber selten", meinte Heinz.
„Ja, aber an dem Mann liegt´s auch, der liebt seine Frau abgöttisch."
Die Redseligkeit von Matthias musste ich mir zunutze machen, bestellte zwei Drinks und fragte ihn direkt: „Hast du schon mal mit einer Frau geschlafen?"
„Probiert habe ich´s schon, aber nie geschafft. Auf der Geburtstagsparty eines Freundes zum Beispiel. Ungefähr zwölf Leute waren da. Jungs und Mädels gut gemischt, die Hälfte der Jungs waren schwul. Wir gingen nachts noch alle nackt im Swimmingpool baden, da wurden die Mädels dann heiß. Eine Frau war dabei, die erst sehr spät im

Dunkeln gekommen war. Sie war in Trauer, weil ihr Mann erst kürzlich tödlich verunglückt war. Und diese Bärbel musste sich nun ausgerechnet in mich vergucken. Ich hatte so oft Mädchen, die mich mochten und ich sie auch, aber sexuell ging da nichts. Jedenfalls war Bärbel recht resolut, vielleicht weil sie nun auch schon lange nichts mehr hatte. Wir kamen noch nackt vom Baden zurück, und da zieht sie mich ins Badezimmer. Wir liegen in der Badewanne und da sagt sie: 'Matthias, ich lieb dich und nu mach mal.' Ich sagte ihr, 'das geht nicht, ich bin doch schwul.' Sie meinte, das wäre ihr völlig egal, sie sei geil und ich müsste das jetzt machen. Ich habs ja versucht, aber es ging nicht. Ich war so fertig!“
Über diese detaillierte Beschreibung ziemlich schockiert stammelte ich: „Muss ja ´ne echte Strapaze gewesen sein.“
„Strapaze nicht. Ich hätte ihr ja gern geholfen, aber ich wusste nicht, was ich machen sollte.“
Bei dieser Feststellung sah Matthias regelrecht bekümmert aus.
„Hat sie es dir denn nicht erklärt?“, wollte Heinz wissen.
„Nein, sie war so heiß und stürmisch, das war mir einfach zu doll. Dann kamen auch die anderen vom Baden zurück, klopften an die Tür und ich dachte noch 'Ein Glück.' Na, irgendjemand hat sich dann wohl geopfert. Aber ich bedaure das irgendwo. Ich

hätte ganz gern mal mit ´ner Frau geschlafen. Die Männer, mit denen ich zusammen war, waren immer viel zärtlicher. Ich bin nämlich wie ´ne Frau, so sehe ich das, und ich mag es nicht, wenn ich so bombardiert werde."

Peter mischte sich ein: „Üblicherweise sagt man doch, dass Frauen viel zärtlicher sind."

„Ja, aber wenn die was wollen nicht! Es ist vielleicht der umgekehrte Fall, wenn ein Mann nicht will, dann werden Frauen rabiat. Ich wünschte mir ´ne Frau, die ganz zärtlich ist, ganz lieb und vorsichtig ankommt, die mich nicht schockiert. Mit Männern ist das anders, bei mir jedenfalls. Die wissen das bei mir irgendwie, dass ich es nicht so grob will. Äußerlich sieht das vielleicht nicht so aus, aber im Bett will ich das ganz anders, ganz lieb und nett. Wenn ich mit ´ner normal denkenden Frau im Bett liege, würde die ja Aktivitäten von mir erwarten, aber ich warte auch darauf, weil ich wie eine Frau empfinde. Dann liegen wir nebeneinander und jeder wartet auf den anderen. Wenn ich dann aber nicht will und ´ne Frau mich unbedingt will, dann werden die dermaßen aggressiv. Das habe ich ein paar Mal erlebt. Na ja, vielleicht kann man nicht sagen aggressiv, aber impulsiv. Das schockiert mich dermaßen, dann geht mir alles weg und ich kann überhaupt nicht mehr. Ich brauche die richtige Frau, dann könnte ich vielleicht auch normal werden."

Hubert hatte den letzten Sätzen von Matthias mit höchstem Interesse gelauscht, schoss hinter seiner Theke hervor, packte mich an den Schultern, schüttelte mich und sagte: „Also für Petra würde ich auch normal werden. Die war ein paar Mal allein hier, um sich von mir Rat zu holen. Aber die will mich ja nicht!“

Das waren zu viele Schocks auf einmal für mich. Nicht nur, dass Petra heimlich bei Hubert gewesen war, ganz offensichtlich mussten die Jungs auch noch lesbisch geworden sein. Vor allem Hubert, der in der Tat anfing vor Kummer zu weinen. Er legte seinen Kopf auf meine Schulter und seine Tränen tropften unaufhörlich in meinen Ausschnitt. Die beiden mussten schleunigst wieder normal gemacht werden. Bei dem Gedanken verschluckte ich mich. Mit normal meinte ich natürlich schwul. Mit fiel niemand ein, dem ich das erzählen konnte. Selbst Wolfgang hätte die Leute mit dem 'weißen Zwangsjäckchen' gerufen. Als sich bei mir von ganz allein die kleinen Finger abspreizen, beschloss ich in Sachen Martin/Petra am nächsten Tag bei der Schwulengruppe vorzusprechen.

Mir entfuhr ein melodiöses: „Hach, ihr armen Häschen!“

Und damit war ich scheinbar endgültig zur Schwuchtel geworden, was nichts anderes heißt als „femininer Homosexueller“, abgeleitet von dem

Wort „schwuchteln“ = tanzen, tänzeln. Schwuchtel ist ein liebevolleres Wort für Tunte.
Entsetzt bestellte ich eine Flasche Gin. Ab einer bestimmten Promillezahl wurden wohl alle Homosexuelle Möchtegern-Heteros und warfen mit Heiratsanträgen um sich. Demnach musste ich mit Alkohol auch wieder – ja was denn eigentlich werden?
Ich war doch normal oder etwa nicht?
Nur eins wusste ich mit Sicherheit, dass ich nicht die Absicht hatte, ausgerechnet in einem Herrenlokal Nachhilfeunterricht im Frauenverführen zu geben. Trotzdem wollte ich es genauer wissen und fragte in meiner liebreizendsten Art: „Warum um Himmels willen seid ihr denn schwul, wenn ihr doch normal sein wollt?“
Matthias vermutete: “Das kommt vielleicht von meiner Mutter her. Wenn ich mal Kummer hatte, sagte die immer, du bist doch ein Junge, du darfst nicht heulen. Wenn die mich mal in den Arm genommen und gesagt hätte, ooch Jungchen, davon geht die Welt nicht unter oder Ähnliches und mich mal gestreichelt hätte. Aber das hat sie nie gemacht.“
Kummervoll war Matthias in seine Kindersprache zurückgefallen. Plötzlich leuchteten seine Augen auf und er meinte wissend: „Vielleicht war es deshalb! Als ich unterwegs war, ließen sich meine Eltern scheiden. Ob sie mich deshalb keine

Zärtlichkeit spüren ließ, weil ich das Letzte war, was sie an meinen Vater erinnerte? Zu meinem Bruder war sie viel lieber, zu meiner Schwester auch, aber nie zu mir. Komischerweise bin ich heute derjenige, der meine Mutter mal in den Arm nimmt, wenn sie ein Wehwehchen hat. Das hat sie mir letztens sogar geschrieben, dass ich der Einzige sei, der mal ein bisschen Gefühl zeigt. Mein Bruder und meine Schwester tun das nie. Die sagen nur, nimm das nicht so schwer. Ich nehme sie in den Arm und das. Ich gebe ihr vielleicht jetzt das, was sie mir damals nicht gegeben hat. Ist eigentlich ulkig, ich habe das unheimlich vermisst, dass mich Mutti nie in den Arm genommen hat."

„Warum haben sich deine Eltern scheiden lassen?", wollte ich wissen.

„Mein Vater war Trinker. Er hat meine Mutter geschlagen und ist fremdgegangen. Und, das ist vielleicht auch interessant, jetzt nach Jahren, wo sie weiß, dass ich homosexuell bin, hat sie mir gesagt 'na ja, dein Vater ist ja auch so gewesen'. Der hat also mit Männern und Frauen rumgemacht. Ich habe auch noch viele Geschwister in Berlin."

Hubert murmelte dazwischen: „Meine Mutter weiß bis heute nicht, dass ich schwul bin. Ich konnte sie auch letztes Weihnachten nicht in Österreich besuchen, das ist ganz schön scheußlich. Wie hast du es denn deiner Mutter gesagt und wie hat sie reagiert?"

„Irgendwie hats mich immer belastet, dass meine Mutter und mein Stiefvater nichts wussten. Persönlich sagen konnte ich´s ihnen nicht, weil ich nie so viel Vertrauen zu ihnen hatte. Als ich dann aus Berlin weggezogen war, habe ich ihnen einen Brief geschrieben, in dem von A bis Z mein bisheriges Leben aufgeschrieben war, mit allen Erlebnissen und so. Also meine Mutter fiel aus allen Wolken. Sie schrieb mir, ich sei nicht mehr ihr Sohn; ich solle mein Leben leben und glücklich werden, und sie wolle ihr Leben leben. Diese übertriebene Reaktion war nur wegen dem Vater. Geahnt hat sie vorher nichts. Ich hatte zwar früher auch mal Probleme wegen der Homosexualität, habe zu Hause rumgehangen, war demoralisiert und down. Sie fragte mich zwar, was ich hätte, aber ich sagte nur, sie verstünde das ja doch nicht, und deshalb hätte es keinen Sinn, mit ihr darüber zu reden. Darauf sagte sie nur, was kannst du schon für Probleme haben in deinem Alter. Für mich war damit wieder klar, dass es wirklich keinen Sinn hatte, mit ihr reden zu wollen. Von meinem zweiten Leben sozusagen wusste sie nichts."
Hubert war schockiert.
„Dann sag ich meiner lieber nichts, nie! Ich will doch den Kontakt zu meiner Mutter nicht verlieren."
Matthias sagte nur: „Jetzt haben wir ja wieder Kontakt. Sie schrieb mir ein Jahr später einen Brief.

'Junge, wir haben uns informiert, Bücher gelesen, Leute kennengelernt, die genauso sind wie du. Wir haben festgestellt, dass ihr doch die Besten seid, nun kann ich euch verstehen. Ihr habt die meisten mitmenschlichen Gefühle, das meiste Gespür für das Leben, reden kann man mit euch, weil ihr Herz und Gefühl habt.' Dass meine Mutter nun plötzlich so positiv über uns dachte, das fand ich auch nicht so ganz richtig. Ich habe ihr auch gesagt, sie soll nicht immer so schnell und grundsätzlich urteilen. Alles hat ja mehrere Seiten."
Hubert begab sich beruhigt und nachdenklich wieder hinter seine Theke. Gerade nachdem mir 'ein solches Muttersöhnchen' durch den Kopf gegangen war, begann Hubert herumzutucken, also tuntig zu werden. Er hüpfte in unsere Richtung und rief: „So ihr Lieben, jetzt gebe ich euch einen aus. Dazu nehmen wir ein großes Glas, tun ein Eiswürfelchen hinein und überschütten dies mit viel Alkohol. Zum Schluss noch ein Spritzerchen Sodawasser. Und nun zum Wohl!"
Mit einem verschämten, sanften „Hoo, das wäre doch nicht nötig gewesen", ergriffen Matthias und ich unsere Gläser mit spitzen Fingern und tranken stilbrechend mit sehr männlichen Schlucken.
Der Vater von Matthias interessierte mich nun noch brennend: „Weißt du irgendwas über deinen Vater?"

„Nein, es wurde nie etwas erzählt. Ich wusste nur, dass er zur Fremdenlegion abgehauen war nach der Scheidung. Meine Mutter ist dann mit uns dreien zu meinen Großeltern nach Berlin gezogen. Das war gar nicht so einfach. Wir haben in einer anderthalb Zimmer Wohnung mit Küche und Bad gewohnt. Das wars dann schon für drei Kinder, meine Mutter mit Freund und meine Großeltern. Im Grunde wars kein richtiges Familienleben. Meistens mussten wir Kinder raus, weil die Wohnung zu voll war. Wir kamen nur zum Essen rein. Wenn das Gespräch mal auf unseren Vater kam, hieß es immer 'ach hör doch auf mit dem'. Und wenn wir Kinder wissen wollten, wo er ist, sagten sie, das wissen wir nicht."
„Hast du denn mal Nachforschungen angestellt?", wollte ich wissen.
„Nein damals nicht. Ab und zu bekam Mutti Briefe von ihm, und sie saß dann mit der Oma da und heulte. Er schrieb, es ginge ihm fantastisch, das wäre das Leben, das er wollte, und er wollte Bilder von uns Kindern. Alimente hat er aber nie gezahlt. Das war damals alles nicht so einfach. Mein Opa war Bauarbeiter und oft arbeitslos. Meine Mutter und Oma arbeiteten nicht. Na ja, und nach dem Krieg damals ... Ich bin ja heute auch schon 38 Jahre alt und weiß, wie schwer das Leben ist. Heute kann ich verstehen, dass Mutti damals mit den Amis gegangen ist. Das haben nach dem Krieg ja viele getan. Wir hatten manchmal wirklich nichts zu

essen. Da war sie ganz froh, wenn uns Onkel Bill, John oder wie die alle hießen, mal in die Kaserne mitnahmen und uns durchfütterten. In diesen Onkels habe ich immer den Vater gesehen.“
„Hast du mal Fotos von deinem Vater gesehen?“ fragte ich.
„Nach Jahren, als ich schon erwachsen war. Was heißt erwachsen? So mit 15/16 als ich zur Marine ging, da haben wir mal Bilder durchgeblättert. Da sagte sie plötzlich, 'guck mal, das ist dein Vater'. So ganz beiläufig. Ich sagte dann, 'der ist ja ziemlich fett und hat 'ne Glatze.' Na, jetzt ist er tot. Das war übrigens auch merkwürdig. Vor etwa zwei Jahren sprachen wir so, wie es der Oma geht und so. Da sagte sie: 'Ach, ich wollte dir noch etwas sagen, was war es denn noch? Ach ja, dein Vater ist gestorben.' Sie sagte das auch so ganz nebenbei.“
Matthias hatte dabei einen verklärten Blick, deshalb bemerkte ich mitfühlend: „Das hat dir sicher eine Menge ausgemacht, nicht wahr?“
„Nein eigentlich nicht. Also, ich habe Kontakt gehabt zu der Mutter meines Vaters. Während der Marinezeit habe ich gedacht, ich müsste da doch mal anknüpfen. Ich wusste nicht, dass mein leiblicher Vater von der Fremdenlegion pensioniert war. Zu der Zeit hatte ich das Gefühl, ich müsste mich mal melden und habe an die Oma geschrieben, die heute noch lebt und so 85 Jahre alt sein muss. Die hat meinen Brief an einen Onkel weitergeleitet

und der schrieb mir zurück: 'Lieber Matthias, vergiss deinen Vater. Der belastet nur deine Oma hier. Er hat sich nicht geändert, er ist genau wie früher. Das Beste ist, du schreibst überhaupt nicht mehr und vergisst uns alle. Leb du dein Leben, sei froh, dass du es so weit gebracht hast und lass in Ruhe.' So ähnlich stand´s in dem Brief."
„Das muss ja schrecklich gewesen sein für dich", sagte ich empört.
„Ja, eigentlich ja, aber ich weiß nicht", meinte Matthias nachdenklich, „Jetzt ist es halt so, dass ich eben keinen Vater gehabt habe, bin erwachsen geworden und brauche keinen. Aber damals habe ich eben immer einen gesucht."
„Ja, das ist mir klar" fand Psychiater Heinz. „Deine Mutter hat doch wieder geheiratet. Wie alt warst du da?"
„14 Jahre etwa."
„Hast du dich mit dem Stiefvater gut verstanden?", wollte Heinz wissen.
„Verstanden habe ich mich mit dem sehr gut. Mein Stiefvater ist sieben Jahre jünger als meine Mutter, die jetzt 62 Jahre alt ist. Er war praktisch nur ein bisschen älter als ich, daher konnte ich nie Vater zu ihm sagen und nenne ihn beim Vornamen. Ich habe ein ganz tolles Verhältnis zu dem. Tja, der und meine Mutter leben in Berlin und sind glücklich. Mit meinem Vater das scheint sie ganz gut verkraftet zu haben. Der hat sich vermutlich auch

immer nur betrunken, weil er bisexuell war. Vielleicht war das auch der Ausschlag, dass ein bisexueller Mann unzufriedener ist, weil er nicht weiß in welche Richtung er tendiert oder was er machen soll. Die hängen ja immer irgendwo in einer Zwickmühle."

In der Zwischenzeit hatte sich das Lokal fast geleert. Psychiater Heinz verabschiedete sich jetzt auch mit den Worten: „Wir sehen uns bestimmt mal wieder hier."

Ich ließ meinen Blick durch das Lokal schweifen. An der schrägen Wand über der Theke hing ein Poster, das einen jungen Mann mit nacktem Oberkörper und halb offener Silberhose zeigte. Daneben klebten ein paar Ansichtskarten und Autogrammkarten. Den silbernen Zapfhahn schmückten verstaubte Plastikblumen. In der gegenüberliegenden Ecke stand ein schmieriger Geldspielautomat, an dem ein alter Mann sein Glück versuchte. Aus der Musikbox dröhnte dumpf deutsche Schlagermusik. Die kleine, freie Fläche zwischen Musikbox und dem einzigen Tisch vor den verschlissenen, scheinbar roten Samtvorhängen wurde als Tanzfläche genutzt, die in keinem Schwulenlokal fehlen durfte. Die schummrige Beleuchtung machte das Lokal nicht wesentlich einladender. Trotz alledem war es etwas Besonderes. Vielleicht allein durch die Tatsache, dass es denselben Hauseingang wie der ganz normale Puff von nebenan hatte. Zwei der Barmädchen saßen vorn an der Theke und unterhielten sich nach Feierabend mit Hubert.

Wir hatten noch keine Lust zu gehen. Matthias hatte das Interesse gepackt, den Grund seiner eigenen Homosexualität herauszufinden. Er erzählte weiter aus seinem Leben.
„Von 1958 bis 1962 war ich bei der Marine. Das war auch die Zeit, in der ich ein bisschen Probleme mit meiner Homosexualität hatte, obwohl ich schon als Kind wusste, ich bin homosexuell. Damals, als ich noch mit den Amis, den Freunden meiner Mutter, zusammen war, die mich in die Kaserne mitgenommen hatten. Die hatten dort ein Schwimmbad und einen Zehnmeterturm, wo sie immer runtersprangen.
Also damals, ich weiß es nicht so recht, man sagt immer, das sind so pubertäre Sachen, Jungs machen das schon mal zusammen," er überlegte, wie er es richtig ausdrücken sollte. Nach einer längeren Pause fuhr er fort: „Bei mir war das anders als bei denen! Ich habe mit 6 Jahren schon immer auf Männer geguckt, wenn die toll gebaut waren und Muskeln hatten. Oh, das fand ich toll, das hab´ ich immer bewundert. Ich bin abends in die Badeanstalt gelaufen, die ein großes Fenster hatte, und habe die Amis angeguckt, wenn sie von den Türmen

sprangen. Das fand ich total irre! Aber irgendwann ging mir das alles auf den Wecker."
Matthias schien etwas durcheinander. Das war ja auch kein Wunder, wenn Erinnerungen hochkommen, gehen die Zeiten und auch die Argumente schon mal sehr durcheinander. Man hat ja viele Dinge einfach vergessen und muss das alles erst einmal selber wieder auf die Reihe bekommen. Schließlich redete Matthias weiter: „Erst wollte ich das oder ich wusste, ich bin schwul oder ich suchte meinen Vater. Aber dann wurde ich älter und begann zu denken, so kann das nicht weitergehen, jetzt bist du erwachsen. Soll das denn dein ganzes Leben so weitergehen, soll ich mein ganzes Leben schwul sein? Ich dachte ja sowieso, ich sei der einzige Mensch auf der ganzen Welt, dem das so geht. Ich dachte, es gibt überhaupt keinen anderen, ich wäre der Außenseiter und mach so einen Käse! Deshalb dachte ich, so geht es nicht, du gehst jetzt zur Marine und wirst ein richtiger Kerl! So war das. Ich habe mich da angemeldet, musste zur Musterung, wurde sofort angenommen und wurde Funker."

Nach einer kurzen Pause erzählte Matthias weiter: „In der Grundausbildung ging das ganz gut, wie das beim Militär so ist, mit Zack-Zack und marschieren und den ganzen Übungen im Gelände. Das gefiel mir sehr gut. Dann bin ich an Bord gekommen, auf einen Zerstörer, auf dem viele Ältere waren, die schon Lehrgänge hinter sich hatten und mich anlernen mussten. Die meisten waren verheiratet. Ich dachte, jetzt bist du ein Kerl unter Männern, lernst die Welt kennen und hier passiert überhaupt nichts in der schwulen Beziehung. Einmal waren wir ein Jahr auf See. Und da dachte ich, was ist denn nun passiert? Da wurden gerade die, die verheiratet waren, zudringlich! Nachher fand ich´s dann toll. Die gaben einen aus. Im Funkhaus war alles secret, also geheim, da kam auch kein anderer rein. Wir waren drei Wachen über acht Stunden rund um die Uhr. Wenn man keine Wache hatte, dann ging man trotzdem in den Funkraum, weil man ja nicht wusste, wohin und was man machen sollte, denn die Koje war ja auch nicht so groß. Dort wurde dann getrunken und Musik gemacht, während der Seenotrettungsruf laufend an war und die Frequenz vom Manöverschiff und man hörte eben Radio Luxemburg und Radio Caroline[2]. Schließlich fingen alle an zu tanzen. Ich fand das immer drollig. Die Männer tanzten aus Ulk auch Tango und Rumba. Da lag man sich im Arm und küsste sich und so. Wahrscheinlich durch den Alkohol. Die Älteren, die verheiratet waren, fand ich zwar ein

---

[2] Radio Luxemburg und Radio Caroline waren als Piratensender bekannt. Radio Caroline sendete vom Meer aus.

wenig abstoßend, aber es war trotzdem schön. Nur ich fand mich immer so ein bisschen ausgenutzt."
„Inwiefern ausgenutzt?", fragte ich etwas verblüfft.
„Weil sie immer jemanden suchten, an den sie sich halten konnten und sich auslassen konnten, besser sagt man wohl abreagieren konnten."
„Das war also nur ein Abreagieren der Sexualität?", wollte ich genauer wissen.
„Ja, und das merkte ich erst nicht. Dann habe ich das mitbekommen und dachte, da kannst du auch mitmachen, machst ein bisschen auf sexy. Nachher fanden sie mich ganz toll. Wir waren, wie gesagt, ein Jahr an Bord und es kam dann so, dass mir ein Typ sagenhaft gefiel. Also, ich möchte nicht sagen, dass ich speziell auf dem Schiff schwul geworden bin, aber da ist mir aufgefallen, dass es doch ganz schön sein kann."
Matthias hing wieder einen Moment lang seinen Erinnerungen nach, bevor er fortfuhr: „Wir hatten eine Gemeinschaftsdusche an Bord, die aber keinen Vorhang hatte. Wir standen alle nackt Schlange, und wenn einer fertig war, ging der Nächste rein, damit ja nichts passieren konnte. Mit den Toiletten war es genauso. Da waren zwei Reihen gegenüber ohne Türen, nur mit Seitenklappen. Dort unterhielt man sich dann. Natürlich gab es an Bord einige lauschige Ecken, wo man´s dann immer getrieben hat. Dahin habe ich mich immer mit meinem Typ verdrückt."

Obwohl es manchmal etwas mühsam war, Matthias' Ausführungen zu folgen, fragte ich interessiert weiter, ob das bei allen auf dem Schiff so ablief, wie er es beschrieben hatte.
„Nein, nicht bei allen. Ich würde sagen, höchstens fünf Prozent. Die lernt man aber sehr schnell kennen. Ich hatte den Blick dafür. Es waren auch Offiziere darunter."
Matthias machte wieder eine Pause, um erst einmal tief Luft zu holen. In seiner leicht theatralischen Art schlug er sich plötzlich die Hand vor die Stirn und rief laut: „Das wars überhaupt! Ja, das gab den Ausschlag, warum ich zur Marine wollte. Vor der Marinezeit hatte ich Kellner gelernt, und da bin ich eigentlich richtig schwul geworden. In dem Gaststättenbetrieb in Berlin waren wir dreißig Lehrlinge, alles Jungs und ich behaupte, dass fünfzehn davon schwul waren. Der Gaststättenbetrieb hatte mehrere Läden. Unter anderem die Deutschlandhalle, das Eisstadion, das Olympiastadion, die Avus-Rennbahn und die Neue Welt. Auf diese Läden wurden die Lehrlinge je nach Bedarf verteilt. Damals, vor allem in der Deutschlandhalle, fing das mit der Schwulität an. Wir Lehrlinge hatten die Künstlerkantine zu versorgen, in der sich die Balletteusen, Eistänzer und Statisten aufhielten. Die Stimmung war dort

natürlich sehr gelockert. Wir Piccolos[3] waren so um die 15 Jahre alt und uns fanden die knusprig. Sie luden uns dauernd ein. Da habe ich auch das Berliner Nachtleben kennengelernt. Bei der einen Truppe waren sehr viele Schwarze, zum Teil recht extreme Typen wie der eine, der immer eine Katze auf der Schulter hatte. Diese Schwarzen gaben immer viel Trinkgeld, zwar vorher einen Klaps auf den Hintern, aber zehn Mark waren viel Geld. Einmal luden die mich ein, ins KC[4] zu kommen. Ich sagte, dass ich das nicht kenne. Einer meinte, das sei ein schwuler Laden. Auf meine Frage, was das denn sei, sagte er, stell dich nicht so an, das musst du doch wissen. Abends ging ich völlig verschüchtert dahin und merkte auch gleich, was da los war. Es waren nämlich fast nur Männer da, auch ein paar Frauen, die aber aussahen wie Männer. Ich konnte die nicht so genau identifizieren. Der Schwarze mit der Katze holte mich glcich und gab mir Champagner aus. Er wollte mich auch mit nach Hause nehmen, aber das habe ich nicht getan. Jedenfalls bin ich da so in die Atmosphäre hineingekommen. In den drei Lehrjahren wurde das dann so schlimm, dass ich mir dachte, so ein Leben willst du nicht führen. Vor der Lehre habe ich noch

---

[3] Piccolo ist ein alter Ausdruck für Auszubildender

[4] KC = Abkürzung für Kleist Casino, eine Schwulenbar in Berlin

gedacht, schwul sein ist ganz schön, du suchst deinen Vater und deshalb einen Kerl. Aber dann das zu sehen, dieses überkandidelte und übertriebene Getue, die Show und den ganzen Zirkus drumherum, das hat mich schockiert. Deshalb bin ich zur Marine gegangen, obwohl ich es da nicht anders kennengelernt habe. Nur waren es da die Ehemänner, die so lange abstinent und von ihren Frauen getrennt waren. Die fand ich aber sehr nett, weil sie sehr männlich waren."

„Hattest du denn vorher nie gehört, dass es solche einschlägigen Kneipen gibt?", fragte ich fast ungläubig.

„Gehört hatte ich schon davon, aber ich hatte keine Ahnung wo diese Kneipen waren, und ich wusste auch nicht so genau was das eigentlich ist."

„Hast du dich denn nicht so dafür interessiert, dass du das unbedingt wissen wolltest? Immerhin wusstest du doch, dass du auf Männer stehst."

„Ja, das schon, aber man hatte ja damals immer irgendeinen Freund aus der Nachbarschaft, Schule oder so, mit dem man seine Erfahrungen gemacht hat. Ich hatte das von frühester Jugend an."

Matthias lachte plötzlich auf und erzählte weiter. „Mit acht Jahren hatte ich ein Erlebnis mit einem Nachbarjungen, der zwei Jahre älter war als ich. Der Rolf hat ewig, wo der war und stand, in der Hosentasche onaniert. Ich fragte ihn, was machst du da, und er sagte, 'ach, das juckt so schön, musst du vorne dran reiben, das ist herrlich.' Ich habs dann auch versucht, aber bei mir juckte nichts. Rolf beruhigte mich, dass das noch komme. Durch ihn kam ich auch in die Clique meines ein Jahr älteren Bruders. In der Nähe war ein Heim für schwer erziehbare Mädchen. Einige rissen da hin und wieder aus und die trafen die Jungs in einem Park, wo sie´s miteinander trieben. Ich, als Pimpf[5], war immer dabei. Ich konnte zwar noch nicht mitmachen, aber zugeguckt habe ich. Und weißt du, was ich dabei so bewundert habe? Die Pos der Jungen, wenn sie auf den Mädchen lagen und die Muskeln spielten, ach, das war toll. Muskeln spielen für mich sowieso eine große Rolle. Jedenfalls meinten die Jungs aus der Clique, ich müsste auch mal mit einem Mädchen, aber ich sagte, 'Mensch, das kann ich doch noch nicht.' Das sagte ich auch einem kleinen Mädchen, das sich in mich verguckt hatte.“

„Wusstest du denn schon, wie das ging? Ich meine, warst du schon aufgeklärt?“, fragte ich, in der Hoffnung nicht rot angelaufen zu sein. Matthias redete aber unbeirrt weiter.

„Ja, ich habe da ja alles gesehen, nur bei mir ging es eben noch nicht. Beim Samenweitspritzen war ich natürlich dadurch immer der Verlierer. Da war ich so 9 Jahre alt. Ein bisschen hat mich das innerlich

---

[5] Pimpf wird liebevoll für „kleiner Junge“ benutzt

auch belastet, weil ich dachte, ich wäre verbaut oder so was. Aber ich habe munter probiert und probiert, so ganz mechanisch, immer heimlich im Badezimmer. Ja, und mit elf oder zwölf Jahren ist mein Ding beim Üben gewachsen. Ich dachte, mach weiter, das wurde schön warm und fing an zu glühen und war mit einem Mal ein nie gekanntes Gefühl. Es kam dann also und ich wär fast umgekippt und dachte, ich werde wahnsinnig. Vor allem, weil in dem Moment auch noch meine Mutter an die Tür klopfte und sagte 'wir müssen auch mal.'
Ich habe am ganzen Körper gezittert. Später hab ich so einmal in der Woche onaniert. Das war auch immer wieder schön, aber nicht mehr so schlimm. Damals hatte ich mich richtig erschreckt."
„Du hattest ja auch so lange darauf gewartet!", erwiderte ich mitleidig-sarkastisch-entsetzt.
„Ja", sagte Matthias ernst, „aber da konnte ich verstehen, warum die immer so einen Käse machten."
„Was hast du dir denn dabei vorgestellt?", fragte ich, weil es jetzt auch schon egal war. Bei so vielen intimen Details, die mir Matthias mitteilte, kam es darauf jetzt auch nicht mehr an.
„Ich dachte immer an Männer. Das kam wohl noch von der Zeit, als ich mit 6 Jahren immer zur Kaserne gegangen bin, um die Amis in der Badeanstalt anzusehen. Die hatten so tolle Slips an, so enge

Badehosen und Muskeln, vor allem Muskeln. Und an Penisse habe ich gedacht. Dabei muss ich immer an Onkel Bill denken. Wenn der mich auf den Schoß genommen hatte, dann, ich weiß nicht ob der eine Erektion hatte oder auf Kinder stand, jedenfalls hat es dann bei ihm unten immer so gewackelt, irgendwas war da los und drückte. Er hat mich dann auch immer so geschaukelt, und ich fand das toll", schloss Matthias nachdenklich.
Ich unterdrückte mein erstauntes, psychologisch erleuchtetes 'Donnerwetter' und fragte: „Wusstest du denn mit sechs Jahren schon wie Kinder entstehen?"
„Tja, an den Storch habe ich nicht geglaubt, aber wie das so richtig vor sich geht, das wusste ich natürlich noch nicht. Ein bisschen schlauer wurde ich durch ein Mädchen aus der Nachbarschaft. Übrigens ein ganz schönes Ferkel, obwohl die auch erst so sechs oder sieben Jahre alt war. Die zeigte mir, dass es zischt, wenn man in Karbid[6] pinkelt. Ich probierte das auch und es zischte bei mir auch. Also zischen tat´s bei beiden, obwohl mir erstmals auffiel, dass die unten ganz anders aussah als ich. Ich fragte, 'warum hast du denn nicht so was wie ich da unten?' Sie sagte, 'na du bist doch ein Junge und hast einen Pinökel, und ich bin ein Mädchen und habe eine Muschiglikse.' Ich fragte, 'was ist das

---

[6] Karbid wurde für Lampen benutzt, z.B. am Fahrrad

denn?' Sie hatte das von ihren Eltern gehört und erklärte mir, dass da die Kinder rauskommen. Ob ich mir viel darunter vorstellen konnte, weiß ich nicht, aber bei den Doktorspielen gingen wir das wohl praktisch an.
Rolf, der Dauer-Onanierer, der ja schon über alles Bescheid wusste, sah darin wohl eine willkommene Übungsmöglichkeit und machte mit. Wir spielten Mann und Frau und legten uns aufeinander, aber bei mir rührte sich natürlich gar nichts. Rolf wollte dann richtig bumsen, aber das ging bei ihr natürlich noch nicht. Ich versuchte es dann mit einem Stöckchen und piekste vorn rein. Das tat ihr aber weh und sie sagte, ich solle es hinten versuchen. Das tat auch erst weh, aber mit Spucke gings dann. Sie wollte das auch bei mir machen, und das ging auch und gefiel mir. Das war ein schönes Jucken. Der Rolf sagte dann, 'das können wir auch anders machen. Ich hab ja schon was in der Hose und kann das.' Also dieser Junge war so was von frühreif! Aber ich hatte allerdings noch Angst davor. Vielleicht, weil er nicht so ein Muskelprotz war wie die Amerikaner."
„Haben die Amerikaner denn versucht dich anzufassen?"
„Das weiß ich nicht so genau. Ich war damals noch ´ne ganze Ecke jünger als sechs und kann mich nur noch schemenhaft an einige erinnern, außer an Onkel Bill später. So recht kann ich mich auch nicht

mehr erinnern, wie lange meine Mutter mit den Amis gegangen ist. Vorwerfen würde ich ihr das nie. Sie hats ja nur gemacht, um uns durchzubringen. Wir hatten manchmal wirklich nichts zu essen und da war es gut, dass sie mich dann in die Kaserne zu den Onkels schicken konnte, damit ich mir den Bauch vollschlagen konnte. Ob die mich betatschten, weiß ich wirklich nicht. An einen dicklichen Ami kann ich mich erinnern, den ich sehr gern mochte, der brachte mir immer Nussbutter mit. Bestimmt hat sich mir damals eingeprägt, Jungens sind das Beste, an die Kontakte musst du dich halten und die musst du suchen."

„Wann hast du denn deinen ersten Geschlechtsverkehr gehabt?", fragte ich unvermittelt. Matthias dachte angestrengt nach. Dann sagte er: „Ich war zwölf Jahre, als ich mit meinem Bruder bumste."

„Mit deinem Bruder?!" Ich kreischte fast vor Entgeisterung. Matthias jedoch schien das nicht ungewöhnlich zu finden, denn er erzählte mit stoischer Ruhe weiter.

„Der war ja ein Jahr älter als ich und sehr viel weiterentwickelter. Er hatte schon einen großen Penis und sah und sieht noch gut aus. Er erzählte immer von Frauen und machte ja auch bei den Mädchen aus dem Heim mit. Der ist stinknormal und ich hab ihn immer bewundert. Er onanierte mir oft was vor. Ich fand das enorm, weil ich es immer

noch nicht konnte. Dann gingen meine Mutter und mein Stiefvater eines Abends ins Kino. Wir durften noch fernsehen, sollten dann baden und ins Bett gehen. Wir badeten zusammen und da kriegte er einen hoch. Ich habe das neidisch bewundert und gefragt, ob ich seinen Penis anfassen dürfe, nahm ihn in die Hand und er zeigte mir, wie ich ihn reiben musste. Vor und zurück. Ich machte das, und er spritzte ab. Oh, war ich neidisch! Ich wollte, dass er´s noch mal macht. Er meinte, das dauert dann länger und am besten wäre es, ein Mädchen zu haben, das er bumsen könne, ich wüsste ja wohl, wie das ginge. Ich sagte nur, 'es ist aber keins da.' Und da wollte er mich in den Hintern bumsen. Er cremte mich ein und bumste mich richtig durch. Es ging, hat aber ganz schön wehgetan!"
Mein erneutes Entsetzen wurde mir erspart durch den seltsamerweise erleichternden Gedanken „So geht das also."
Ich fragte allerdings nur: „Hat dich das später nicht irgendwie belastet, dass du mit deinem Bruder ...?"
„Nein, ganz im Gegenteil! Davor zankten wir uns oft. Danach habe ich ihn regelrecht geliebt."
„Wann hattest du das nächste Mal Verkehr?"
„Als ich in die Lehre kam, so mit fünfzehn etwa. Ach, da fällt mir gerade ein, dass mein erstes Mal fast mit dem Rolf gewesen wäre. Ich war damals so knapp elf. Rolfs Familie war nicht zu Hause, und er lud mich oft ein, Dummheiten zu machen. Wir

zogen uns im Wohnzimmer aus und legten uns dann ins Bett. Er wollte mich bumsen, und ich wollte das auch, aber es ging nicht ohne Creme. Er hatte mich gerade eingecremt und wollte loslegen, als die Tür aufging und sein großer Bruder reinkam. Der schimpfte ganz fürchterlich, was wir denn für Schweine seien. Er erzählte den Vorfall seiner Mutter. Meine wurde auch unterrichtet. Das Merkwürdige ist, dass meine Mutter mich nie darauf angesprochen hat. Sie hat das wohl verdrängt oder gedacht, das seien Pubertätserscheinungen. Sie hat mir auch nie verboten, mir Rolf zu spielen!"

Matthias legte wieder eine nachdenkliche Pause ein, bevor er sagte: „Das war also in etwa die Vorgeschichte zur Marinezeit, wo ich eigentlich hin geflüchtet war, weil ich ja ein richtiger Mann werden wollte. Aber das wurde ja nun nichts, denn da habe ich das meiste erlebt und das tollste mit den richtigen Männern, die verheiratet waren – und so knackig waren die. Danach bin ich nach Berlin zurückgegangen, wo ich viel später Friedrich kennenlernte."

„Wie lange kennt ihr euch schon?", fragte ich.

„Zehn Jahre", sinnierte Matthias. „Ganz schön lange also. Das gibts nicht oft bei uns Homosexuellen."

„Wie habt ihr euch kennengelernt?", interessierte ich mich bereits etwas müde. Allerdings hatten mich diese gesamten Informationen ziemlich aufgewühlt und in solcher ausführlichen Weise würde ich die Lebensgeschichte eines Homosexuellen nie wieder hören, deshalb wollte ich auch den Rest wissen.

Er sagte: „Nach der Marinezeit studierte ich in Berlin erst zwei Semester Englisch. Ich habe aber nebenbei im Lager einer Parfümerie gearbeitet, um mir das Studium zu finanzieren. In der Zeit fühlte ich mich sehr einsam und ich dachte mir, ich suche mir jetzt einen Typ, der zu mir passt. Geld brauchte er nicht zu haben, aber es musste jemand sein, der genauso denkt wie ich. Ich habe dann die ganzen einschlägigen Bars und Kneipen durchgemacht, und da lernte ich Friedrich im KC in Berlin kennen. Er war das erste Mal da mit einem Typen, der furchtbar draufgängerisch war, mich anmachte und mich haben wollte. Friedrich saß ganz ruhig in einer Ecke und er gefiel mir sehr gut. Er hatte sich schon mächtig einen angetüdelt. Der andere Typ wollte mich dann ins Bett haben, aber ich sagte, ich hätte keine Lust. Da macht der doch Friedrich ´ne Szene. 'Erst macht er mich an und dann will er nicht, also ich hau ab', sagte er.
Friedrich wollte auch gehen. Da bin ich zu ihm hin und sagte 'du willst auch schon gehen? Lass uns lieber mal tanzen.'
Das taten wir und ich hab mich sofort in ihn verknallt. Wir hatten nur ein paar Sätze gesprochen

und da wusste ich genau, das ist mein Typ. Ich hab ihm sofort meinen Ring geschenkt, hab gesagt, das ist mein Talisman und den schenke ich dir. Den hat er heute noch. Wir sind dann noch in andere Kneipen gegangen und unter anderem in einem richtigen Puff gelandet. Kannst du dir das vorstellen, wir als Schwule in einem Striptease-Laden und zahlen achtzig Mark für ein Gedeck! Aber wir haben das alles gar nicht so richtig mitgekriegt. Wir waren nur damit beschäftigt, uns gegenseitig Liebeserklärungen zu machen. Wir hatten beide sofort erkannt, dass wir uns lieben. Er gab mir dann auch seinen Ring. Wir sind schließlich in ein Hotel gegangen. Ach, das war noch ein Theater! Friedrich war ja auf der Durchreise; er hatte für seine Firma eingekauft. Einige seiner Einkäuferinnen waren mit und auch in dem Hotel. Die sollten natürlich nichts merken. Wir also im Gleichschritt durchs Haus in den Fahrstuhl, durch den Gang in sein Zimmer. Ich musste dabei dauernd kichern; fast hätte uns das verraten. Wir haben dann zusammen geschlafen und das war das erste tolle Erlebnis, das ich gehabt hatte. Seit dem Moment wusste ich, das ist mein Partner, mein Leben. Den nächsten Tag musste er wieder abreisen, wir konnten uns nur noch schreiben. Vor lauter Liebe setzten wir uns beide denselben Tag hin, um dem anderen zu schreiben, natürlich kreuzten sich die Briefe. Das ging eine Woche so und wir kamen mit dem Beantworten schließlich derart durcheinander, weil wir uns täglich schrieben und praktisch immer versetzt antworten mussten, ohne die Antworten des bereits geschriebenen nächsten Briefes zu kennen. Bis Friedrich sich letztlich durchrang, einen Tag nicht zu schreiben. Danach klappte das dann."

In Erinnerung an dieses liebevolle Drama schüttelte sich Matthias jetzt noch vor Lachen, bevor er kichernd weiter erzählte.

„Ein Jahr lang trafen wir uns jedes Wochenende. Jedes zweite kam Friedrich nach Berlin in mein Appartement. Das andere Wochenende kam ich nach Westdeutschland, aber nie hierher in unsere Stadt. Wir fuhren entweder in den Harz, nach Flensburg oder sonst wohin. Ich fragte mich lange, warum er mich nie nach Hause einlud. Später erzählte er mir, dass er einen festen Freund hatte und das eine Jahr gebraucht hatte, dem zu sagen, er hätte jetzt endlich den Typ gefunden, mit dem er zusammenbleiben wollte. Ich habe den Friedrich geliebt und stellte keine Fragen. Na ja, und dann zog ich hierher. Friedrich half mir einen Job zu finden. Das war nicht so schwer, denn Friedrich ist hier ja so etwas wie ein Prominenter, dessen Empfehlung in dieser Kleinstadt was gilt. Er brachte mich in einem Kaufhaus als Substitut unter. Das lief auch recht gut, bis die mich nach drei Monaten nach Hamburg versetzen wollten, obwohl ich die Arbeit nur unter der Bedingung, nicht versetzt zu werden,

angenommen hatte. Die ließen sich nicht mehr darauf ein und so kündigte ich und nahm den Job bei der englischen Armee an. Friedrich und ich wollten damals gerne gleich zusammenziehen, aber das ging nicht wegen seines Vaters, der damals noch lebte. Friedrich wollte ihm das nicht antun, weil sein Vater nicht wusste, dass er schwul ist. So nahm ich mir hier ein Appartement."
„Wussten deine Arbeitskollegen, dass du schwul bist?", wollte ich wissen.
„Ich nehme es an. Gesagt hat nie einer was. Am Anfang war da auch eine Sekretärin, die mich dort praktisch entschuldigt hat. Sie lebte damals grade in Scheidung und hatte sich scheinbar in mich verguckt. Friedrich lernte sie auch kennen, war aber ganz schön erschreckt, als er sie sah. Sie war eine regelrechte Sexbombe. Etwa zweidrittel Beine und eine Oberweite, sag ich dir, ein irrsinniges Weib! So sexy, die schwang ihre Hüften, dass es fast schon nuttig wirkte. Friedrich ging abends immer so gegen neun Uhr nach Hause, und einmal passierte es, dass es um elf klingelte. Es war dieses Mädel. Sie sagte, sie hätte den Bus verpasst und käme nun nicht mehr nach Hause, ob sie bei mir übernachten könne. Ich sagte natürlich ja, ich hätte noch eine Liege. Aber sie sagte 'warum? Wir können doch auch zusammen in einem Bett schlafen.' Tja, und dann wurde sie heiß und wollte mit mir schlafen. Ich sagte ihr, das ginge wohl nicht, ich sei schwul.

Sie schrie 'Waas?' Sie war aber nicht entsetzt, sondern fing an zu heulen und schluchzte, dass sie mich liebt. Ich fing dann auch noch an zu heulen, denn ich mochte sie ja auch gern, aber es ging eben nicht. Na, heute ist sie mit einem Engländer glücklich verheiratet und lebt in England. Wir sind heute richtig gute Kumpels.“

Dieser letzte Satz erinnerte mich wieder an mein Problem mit Petra und Martin. Die Homosexuellen schienen sich zwar große Mühe zu geben, normal zu sein oder es zu werden, aber im Endeffekt waren sie eben doch schwul. Frauen wurden da höchstens als Alibi benutzt. Der Gedanke bestätigte sich auch sofort, als Matthias mich leise, bereits etwas lallend fragte: „Sag mal, willst du bei meiner nächsten Betriebsfeier mein Alibi sein?“

Nach so viel Alkohol, genossen durch die diversen Schocks, die eine für mich außergewöhnliche Lebensgeschichte mit sich brachte, war mir das eine besonders große Ehre. Diese Bitte konnte ich kaum abschlagen. Außerdem war ich ja liberal und verständnisvoll, vor allem aber vorurteilslos.

Dieser Entschluss sollte für mich persönlich noch weitreichende Folgen haben. Hätte ich das vorher gewusst ...

Aber, wer weiß das schon?

Jedenfalls verabschiedete ich mich guter Dinge von Matthias und weckte Hubert, der, den Kopf auf der Theke, friedlich schlummerte. Ein Blick auf die Uhr

zeigte uns, dass die Bar bereits seit einigen Stunden geschlossen war!
Hubert murmelte nur: „Wenn ihr euch nur ausgequatscht habt, ist ja alles gut.“

Peter – Schwulengruppe

Am nächsten Tag rief ich Peter von der Schwulengruppe an. Diese Gruppe oder Initiative, wie sie sich selbst nannten, gab es erst seit einigen Wochen. Alle vierzehn Tage traf man sich in extra angemieteten Räumen. Peter erzählte mir, dass er und zwei andere abwechselnd jeden Abend da waren, damit jeder, der ein Problem mit seiner Homosexualität hatte, ein offenes Ohr fände. Sie stünden den Neuen bei dem Coming Out hilfreich zur Seite; fänden sich bereit, für die Aussprache mit Eltern und Freunden Tipps zu geben und den Eltern als objektive Instanz Fragen zu beantworten. Außerdem gäbe es auch einige, die aufgrund ihrer Homosexualität Schwierigkeiten im Beruf bekommen hätten, die auch beraten werden müssten und sei es nur durch Erfahrungsaustausch. Die Initiative sei also eine Beratungsstelle für alles, was mit der Homosexualität zusammenhing. Er sagte noch, dass es solche Beratungsstellen und die rosa Telefonseelsorge in Großstädten schon sehr lange gäbe. Ich war froh, dass sich eine solche Institution nun auch in unserer Kleinstadt aufgetan hatte. Etwas Besseres konnte mir in meiner jetzigen Situation nicht passieren, nachdem ich in Gedanken in Sachen Petra und Martin eine Eheberatungsstelle aufzusuchen, als abwegig verworfen hatte. Peter lud

mich zum nächsten Allgemeintreff ein, das zu meinem Glück schon am nächsten Abend stattfand. Die Räumlichkeiten lagen im nicht renovierten Altstadtviertel der Stadt. Drei winzige Zimmer waren mit ausgedienten Sofas und Sesseln ausstaffiert, denn es handelte sich hier um eine rein privat finanzierte Initiative. Im größten Raum traf man sich zur allgemeinen Besprechung der Tagespunkte. Außer Peter und mir waren zwei jüngere Männer, ein etwa vierzigjähriger Mann und Psychologe Heinz da. Sie sahen alle ziemlich alternativ aus und die, die ich nicht kannte, betrachteten mich mit offensichtlicher Skepsis. Peter erklärte ihnen, warum ich gekommen sei, was das Misstrauen nicht im Geringsten abbaute. Im Gegenteil. Als sie auf die direkte Frage, ob ich lesbisch sei, ein klares Nein als Antwort bekamen, fielen sie mit Argumenten über mich her wie: „Du willst ja nur Tipps von uns, wie man den armen Jungen umpolen kann. Wir sind damit beschäftigt, uns zu emanzipieren. Da haben wir keine Zeit, uns mit solchen Kleinigkeiten wie normalen Frauen zu beschäftigen."
Der beste Ratschlag war noch der, dass ich Petra sagen solle: „Der Typ ist schwul, vergiss ihn einfach."
Ich hatte angefangen mich aufzuregen und auf diese „Ratschläge" unwirsch zu reagieren, denn es ging ja

immerhin um das Leben meiner besten Freundin, was ich kaum als Kleinigkeit abtun konnte.
Heinz hatte sich bisher gänzlich aus diesem Debakel herausgehalten und Peter versuchte zu schlichten, als die Tür aufging. Zwei junge, gut aussehende Typen kamen herein, sehr modern gekleidet und vermutlich auf dem Weg in eine Diskothek. Sie wurden allgemein mit der abfälligen Bemerkung „Was wollt ihr denn hier?“ begrüßt.
„Wir wollten mal sehen was hier so los ist und vielleicht ein bisschen reden“, antwortete der eine, den ich vom Sehen her kannte, etwas unsicher. Peter ergriff die Initiative: „Das hier ist eine Beratungsstelle, keine Tratsch-Zentrale und erst recht kein Anmachschuppen. Es ist wohl besser, ihr geht gleich wieder!“
Über Peter erstaunt, schoss mir in meiner Empörung die sarkastische Frage durch den Kopf, welcher der hier Anwesenden bei den beiden wohl eine Chance hätte. Nachdem die beiden traurig gegangen waren, murmelte ich laut: „Möglicherweise hat einer von den beiden ein Problem und will darüber reden!“
Die Möglichkeit schien diesen Schwulen wohl so verwegen, dass sie mich fortan als Luft betrachteten, die aber nichtsdestotrotz wie angewurzelt sitzen blieb und in Gedanken vor sich hinbrütete. Das durfte doch nicht wahr sein! Wie sollte ein Emanzipationsversuch eine Chance

haben, wenn sie sich untereinander schon zerstritten und sich in verschiedene Klassen einteilten. Sie kämpften doch dafür, dass die normale Allgemeinheit sie, die Homosexuellen, als gleichberechtigte Menschen behandelt und akzeptiert. Scheinbar sollten aber wohl nur einige wenige Auserwählte gleichberechtigt sein. Sicher, sie mochte ihre Erfahrungen mit den beiden gemacht haben, aber ein gewisser Neid spielte dabei auf jeden Fall eine Rolle. Die beiden erschienen mir in ihrer offenen, unbekümmerten Art jedoch bessere Botschafter für ihre rosa Idee zu sein als diese verknöcherten engstirnigen Menschen.
Peters Bemerkung: „Wir gehen jetzt zum nächsten Punkt über“, riss mich aus meiner stillen Betrachtung.

Heinz

Es ging um Heinz, der als Psychologe in einer kirchlichen Institution arbeite. Als die Tatsache seiner Homosexualität bekannt wurde, war ihm gekündigt worden. Er hatte dagegen vor dem Arbeitsgericht geklagt und in der ersten Instanz recht bekommen. Die Kündigung musste zurückgenommen werden, denn in Deutschland ist Homosexualität kein Kündigungsgrund. Die Kirche legte allerdings Berufung ein, und die nächste Verhandlung stand bevor. Man diskutierte über einen möglichen Ausgang.
Heinz meinte resigniert: „Das geht nun schon über ein Jahr so. Solange das Verfahren läuft, bin ich weder angestellt noch gekündigt. Selbst wenn ich recht behalten sollte, werden die schon irgendeinen anderen Grund finden, mich loszuwerden. Und auf der Liste stehe ich sowieso."
„Auf welcher Liste?", fragte ich.
„Die Liste der bekannten Homosexuellen. Offiziell existiert die natürlich nicht, denn vor dem Gesetz sind ja alle Menschen gleich. Aber, wenn du einmal draufstehst, kriegst du kaum noch einen Job, vor allem nicht in öffentlichen oder kirchlichen Stellen."
Ich fiel aus allen Wolken. „Wie kommt man denn darauf?"

Die Frage schien mir berechtigt, denn es gab genügend, die bekanntermaßen homosexuell waren und trotzdem im öffentlichen Dienst arbeiteten.
Heinz meinte mit in sich gekehrtem Blick: „Du musst in irgendeiner Form auffällig geworden sein, also dich nicht der Norm gemäß verhalten. Journalisten haben schon ihren Job verloren, weil sie sich für Homosexuelle eingesetzt haben; natürlich wurde ein anderer Kündigungsgrund vorgeschoben. Oder verliebe dich in einen Arbeitskollegen und halte diese Beziehung nicht geheim. Vor allem, wenn der Arbeitskollege viel jünger ist. Da ist es egal, ob der andere diese Beziehung ebenso will wie du. Dir, dem Älteren, wird daraus ein Strick gedreht, in den meisten Fällen jedenfalls. Der Alexander Ziegler beschrieb diese Situation in seinem Buch 'Die Konsequenz'. Dieser authentische Roman entstand im Gefängnis, wohin er wegen seiner Liebe zu einem Minderjährigen gekommen war. Das Buch wurde verfilmt und die Ausstrahlung im Fernsehen wirbelte damals viel Staub auf. Ein Bundesland – Bayern – weigerte sich, den Film zu senden und schloss sich aus dem allgemeinen Abendprogramm aus. Meines Wissens gab es so etwas bei keinem anderen Film in der Geschichte der ARD. Das Buch solltest du unbedingt mal lesen."

So sah also die negative Seite der flippigen, fröhlichen Gay-Szene aus. Petras Problem erschien mir in diesem Moment tatsächlich ziemlich unbedeutend. Ganz langsam fing ich an, Martins für meine Begriffe unehrliche Lebensweise ein wenig zu begreifen. Da gab es für einen Homosexuellen absolut existenzbedrohende Aspekte. Dennoch war mir Petra näher und ihre Existenz war mir wesentlich wichtiger als irgendein Schwuler. Nur wo ich die Lösung für das Problem finden solle, wurde mein Problem. Die schwule Beratungsstelle, so sinnvoll sie an sich sicher war, fiel für mich als Anlaufstelle weg. Ein Psychologe, der mir im Grunde die einzige richtige Institution für Petra schien, kam nicht infrage, weil Petra nur zu ihm gehen wollte, wenn Martin mitging, aber der weigerte sich strikt. Er tat meine Anliegen, Petra zuliebe wenigstens einmal hinzugehen, mit einer unwirschen Handbewegung und der Bemerkung „So ein Quatsch“ ab. Zwar war ich davon überzeugt, dass ihn Petras Selbstmordversuch nicht vollends kalt gelassen hatte, aber er verschanzte sich hinter der Feststellung, Petra sei nicht die erste Frau, deren Liebe unerfüllt bliebe, und deshalb bringe man sich nicht gleich um. Die Gefahr eines zweiten Versuchs bestand seiner Meinung nach absolut nicht, er kümmere sich ja weiterhin um Petra; er besuche sie, telefoniere mit ihr und ginge auch weiter mit ihr aus, wobei er sich auf kein ernsthaftes Gespräch mit ihr einlasse, denn das brächte sie wohl nur auf dumme Gedanken. Martin sah einfach nicht ein, dass genau dieses Verhalten ihre größte Gefahr war, denn Petra war davon überzeugt, dass er sie nicht fallengelassen hatte, sondern mit ihr zusammenbleiben wollte und sich nur noch nicht traute, den letzten Schritt, nämlich den mit ihr zu schlafen, zu tun. Auch nicht nach zweieinhalb Jahren täglichen Zusammenseins, manche brauchten eben so lange, außerdem müsste ich ja wohl zugeben, dass Martin sie mit den anderen Mädchen nur eifersüchtig machen wolle, die er in ihrem Beisein so besonders auffällig ansprach. Petra klammerte sich mit der ganzen Kraft ihres gerade noch geretteten Lebens an diese Hoffnung. Martin glaubte das aber nicht.

„Sie weiß doch jetzt endgültig Bescheid über mich. Ich möchte diese tolle Freundschaft nicht zerstören und auch die lustigen Abende mit ihr nicht missen. Sie muss doch merken, dass ich ihr mit den Mädchen zeigen will, dass Frauen für mich gute Kumpels sind. Aber sie ist eben ein ganz besonderer Kumpel, den ich sehr mag und der eigentlich mein einziger guter Freund ist. Deshalb versuche ich ja auch, sie aufzumuntern und von ihren Problemen abzulenken.“

Es war sinnlos. Vermutlich war es das erste Mal, dass Martin sich überhaupt Gedanken über die Gefühle eines anderen Menschen machte. Nur war

er dabei so kopflos, dass sein Verhalten ziemlich gewissenlos und egoistisch wirkte. Es gab nur eine Chance in dieser für uns alle so verfahrenen Situation; nämlich, dass ich einen Homosexuellen fand, der in einer ähnlichen Situation gewesen war und mir sagte was er getan hatte. Ich hoffte, Petra dann nach und nach, an dem für Frauen mit Sicherheit negativen Ergebnis, die Sinnlosigkeit dieser Hoffnung klar zu machen. Das hieß für mich, jedem Homosexuellen den ich traf, gezielt seine Lebensgeschichte zu entlocken. Das war nicht so einfach, denn so ohne Weiteres erzählt einem ja niemand seine intimsten Geheimnisse. Leider hatte diese Methode auch noch den Nachteil, dass sie sehr viel Zeit in Anspruch nahm, und ich war mir nicht sicher, ob ich die hatte. Petra hatte sich zwar körperlich wieder ganz gut erholt, aber der psychische Schock war unverkennbar, und es brauchte nur einen winzigen Anstoß, um sie erneut durchdrehen zu lassen.
Durch einen glücklichen Zufall lernte ich zu der Zeit einen Professor für Psychologie kennen, dem ich Petras und Martins Situation genauestens beschrieb.
Er sagte mir: „Ohne ein persönliches Gespräch mit den beiden kann ich natürlich nichts Konkretes sagen. Viel machen kann man da auch nicht. Das wir die Zeit klären. Durch Lebensgeschichten werden Sie auch keine Patentlösung finden. Aber

mit dem vergleichenden Moment liegen Sie wohl richtig. Allerdings würde ich mich eines Tricks bedienen. Sagen Sie, Sie wollten eine Abhandlung über Homosexuelle schreiben, die vor allem den Sexualaspekt behandelt. Den brauchen Sie, um auf Ihren Punkt zu kommen. Nennen Sie die Lebensgeschichten Interviews. Damit hat alles einen wissenschaftlicheren Touch und Sie werden leichter Gesprächspartner finden, die vor allem auch ernsthaftere Antworten geben. Erstellen Sie einen Fragebogen und versuchen Sie Ihr Glück. Einerseits sparen Sie auf diese Art viel Zeit und andererseits begreift Ihre Freundin durch das Lesen der Ergebnisse vielleicht nach und nach, dass sie mit diesem Martin nur ihre Zeit vergeudet."

Instinktiv hatte ich also richtig gelegen. Ich nahm mein Vorhaben sofort in Angriff, denn Fortuna schien mir gnädig. Das Ereignis meiner Alibifunktion auf dem Betriebsfest von Matthias fand eine Woche später statt. Wir hatten vereinbart, da es ja auf dem Fest recht spät werden würde, dass Wolfgang und ich das gesamte Wochenende bei Friedrich und Matthias verbringen sollte. Dort, in dem Haus, in dem ich meine ersten schwulen Schritte getätigt hatte, wimmelte es nur so vor Opfern. Dort würde ich mit Sicherheit Interviewpartner finden. Ich bereitete mich so umfassend wie möglich vor und las alles, was ich über Homosexualität in die Hände bekommen konnte. Die wissenschaftlichen Bücher über dieses Thema waren nicht so einfach zu lesen; in psychologischen Fachzeitschriften fand ich nur wenig, ebenso in Illustrierten und den Kummerkästen der Regenbogenpresse. Kombiniert mit meinen eigenen Erfahrungen ergab sich daraus dennoch ein recht akzeptabler Fragenkatalog. Es war mir gelungen, Petras Interesse für diese Vorbereitungen zu wecken. Sie half mir intensiv, wenn auch aus anderen Beweggründen heraus als ich. Sie suchte fieberhaft nach einer Anleitung zum Umpolen des schwulen Martins, während ich versuchte, ihr ihre Illusion zu nehmen, dass sie mit ihm eine normale Beziehung würde führen können. Wolfgang, mit dem ich durch diese Geschichte immer enger zusammenwuchs, was mir zu denken hätte geben müssen, riet mir, es vorläufig bei ihrem unsinnigen Ziel zu belassen, denn so bestünde wenigstens keine akute Gefahr eines erneuten Selbstmordversuchs.

Friedrich

Freitagabend fand das Betriebsfest statt, und Matthias und ich hatten eine Stunde Zeit, uns einzuturteln. Das klappte sehr gut, das Fest wurde ein voller Erfolg. Nach unserer Rückkehr fiel es uns allerdings schwer, das verliebte Gehabe wieder abzustellen. Es muss so echt ausgesehen haben, dass Friedrich um seinen Freund Matthias ernsthaft besorgt war, was uns natürlich noch mehr anstachelte. Das für mich überraschende Ergebnis war eine scheinbar echte Eifersucht Wolfgangs. Er herrschte Matthias an, mich in Ruhe zu lassen, denn er, Wolfgang, sei mein Freund. Ich ergriff geschmeichelt die Flucht und Friedrich, den ich als erstes Opfer für mein Interview auserkoren hatte. Wir setzten uns in eine gemütliche Wohnküche. Ich hoffte inständig, dass ich nicht vor Aufregung zitterte. Es war mein erstes richtiges Interview und Friedrich schaute mich erwartungsvoll an. Er war 45 Jahre alt, besaß ein großes Modegeschäft, war äußerst charmant, nannte mich immer zärtlich Kirschblüte und den wollte ich über sein Sexleben ausfragen! Bei meiner ersten Frage versagte mir fast die Stimme, aber galanterweise ergriff er die Initiative und fing an, aus seiner Schulzeit zu erzählen.

„Meine Eltern schickten mich mit vierzehn Jahren auf ein Internat. Ich war so wahnsinnig gehemmt

und steckte voller Komplexe. Meine Mutter konnte mich noch nicht einmal zum Einkaufen schicken."
„Woher kamen die Komplexe?", fragte ich.
„Das kann ich heute auch nicht genau sagen. Vielleicht war das schon der Anfang der Schwulität. Ich habe eben völlig anders reagiert als ganz normale Menschen und auch anders gefühlt. Ich wusste zum Beispiel, dass ich einen Onkel, der inzwischen siebzig Jahre alt ist, unwahrscheinlich verehrte und mochte. Da habe ich mir schon die ersten sexuellen Kontakte vorgestellt, so mit dreizehn etwa."
„Bist du denn als Grundschüler auch gehemmt gewesen?"
„Das kam eigentlich erst später. So vom neunten bis vierzehnten Lebensjahr, als ich dann ins Internat kam."
„Was mag das ausgelöst haben? Du weißt den Zeitraum so genau."
„Es kann sein, dass ich merkte, dass ich anders als andere war. Und der Onkel hänselte mich auch immer; er sagte, ich sei wie ein Mädchen. Meine Mutter hat sich übrigens in mir ein Mädchen gewünscht und mich manchmal wohl auch so behandelt. Ich habe früher viel mit Puppen gespielt, und vor allem das Kochen auf diesen kleinen, elektrischen Kochherden fand ich wunderschön. Nun, kochen tue ich auch heute noch sehr gern. Auf der Schule lagen mir die musisch-künstlerischen

und sprachlichen Fächer mehr, deshalb schickten mich meine Eltern wohl auch auf eine Waldorfschule. Dort gab es sogar Handarbeitsstunden. Ich habe vier Jahre an einem Paar Socken gestrickt und aus alten Schlüpfern und Stoffresten einen Teppich gewebt. Es gab auch Plastizieren, Malen, Gartenbau, also viele Fächer, die es normalerweise nicht gibt.

Mein Lieblingslehrer war der Leiter der Schule. Er unterrichtete Kunstgeschichte. Von ihm behauptete man, dass er mit Jungen manchmal ein Verhältnis hatte. Er ist deswegen auch abgegangen, obwohl er große Fähigkeiten hatte, er war einfach fantastisch. Ich mochte ihn rein menschlich, er war so eine Art Vorbild für mich. An Sex war allerdings nicht im Entferntesten zu denken. Erst mit siebzehn etwa hatte ich die ersten Pettings mit den Jungen aus dem Internat. Die meisten waren sicher in sexuellen Nöten, weil sie gerade keine Freundin hatten. Einige hatten recht enge Kontakte zu Mädchen gehabt, das wusste ich. Ich hatte zwar auch Freundinnen, aber die sexuellen Kontakte zu ihnen hörten beim Küssen auf. Seit meinem vierzehnten Lebensjahr habe ich mir als Sexualpartner immer nur Jungen vorgestellt, deshalb suchte ich meine Kontakte bei Jungen. Manchmal habe ich mich dabei ganz schön in die Nesseln gesetzt, wenn ich mal einen Griff bei dem Falschen tat. Das war für mich immer eine große Angst; mir gefiel jemand

und ich wusste ja nicht, ob der darauf ansprach. Da habe ich meine ersten miesen Erfahrungen gemacht. Ich hatte damals noch keine Ahnung, dass es spezielle Lokale nur für Männer gab.
Hinzu kam, dass Homosexualität damals noch generell verboten war. Der §175 ist erst 1969 gelockert worden, sodass gleichgeschlechtliche Liebe unter Männern nicht mehr generell strafbar ist."[7]

Ich war ganz froh, dass Matthias ins Zimmer gerannt kam und Friedrich aufgeregt etwas erzählte, denn die Auskunft, dass Homosexualität verboten war, schockierte mich total. So lange bewegte ich mich schon in den Kreisen, aber das hatte ich echt nicht gewusst. Kein Wunder, dass so vieles heimlich passierte wie bei den einschlägigen Kneipen und Diskotheken, in die man quasi nur auf Empfehlung hinein kam. Somit war alles, was hier

---

[7] Der Paragraf 175 wurde 1872 in das Reichsgesetzbuch eingefügt und besagt, dass gleichgeschlechtliche Liebe unter Männern strafbar ist. Im Dritten Reich wurde der Paragraf noch verschärft. Tausende Männer wurden verurteilt und kamen jahrelang ins Gefängnis, wo viele den Tod fanden. Erst 1969 wurde Homosexualität teilweise legalisiert und „Homosexualität unter erwachsenen Männern über 21 war nun keine Straftat mehr. 1973 wurde das Alter auf 18 Jahre herabgesetzt." Erst 1994 wurde der Paragraf 175 endgültig aus dem Gesetzbuch gestrichen.
Quelle: Bundeszentrale für politische Bildung; Internet: https://m.bpb.de Artikel vom 7.3.2017 1994: Homosexualität nicht mehr strafbar.

passierte und mir in den Interviews erzählt wurde, illegal.
Das war ja echt ein Ding! Und da Friedrich der Älteste war, hatte er auch noch die Restriktionen der Nachkriegszeit am eigenen Leib erlebt.
Nachdem Matthias zu Ende geplappert hatte, fragte ich Friedrich: „Wann hast du das erste Mal gedacht, ich bin schwul?“
„Schon im Internat, so mit fünfzehn Jahren. Da wusste ich es bestimmt.“
„Hat sich deine Erkenntnis deinen Mitschülern gegenüber irgendwie bemerkbar gemacht?“
„Ja, ich muss mich da auch anders als die anderen verhalten haben. Wir trafen uns ja damals immer verbotenerweise zum Rauchen im Waschhaus einer alten Munitionsfabrik. An die Betonwände wurde alles Mögliche dran geschrieben, so was wie Emil liebt Julia. Und eines Tages stand da dran 'Friedrich ist ein 175er'[8], sogar der Hausname stand dabei, sodass auf keinen Fall ein anderer gemeint sein konnte. Ich sage dir, das war furchtbar für mich, dass das alle lesen konnten. Mein bester Freund, der schwul war, tröstete mich zwar, aber damals begann das Versteckspiel meines Lebens. Immerhin war ich etwas, was im rechtlichen Sinn verboten war. Um nicht von der Gesellschaft verachtet oder sogar

---

[8] Ein homosexueller Mann wurde sehr lange Zeit „175er“ genannt.

verstoßen zu werden, habe ich mir nie anmerken lassen, dass ich 'so' war. Das erforderte sehr viel Selbstdisziplin, man musste lügen, schon allein in den Gesten."

„Wussten deine Eltern von deiner Homosexualität?"

„Nein. Mein Vater mag es zum Schluss geahnt haben, aber gesagt hat er bis zu seinem Tod nie etwas. Hin und wieder ermahnte er mich nur, langsam ans Heiraten zu denken. Diese Hoffnung hat er nie aufgegeben. Mein Onkel fragte mich mal direkt, ob ich schwul sei. Aber ich habe es verneint. Vielleicht hätte ich´s ihm sagen sollen. Nur mein Bruder wusste Bescheid. Mit ihm habe ich sehr ausgiebig darüber gesprochen. Meine Schwägerin und er sind hin und wieder mal in einschlägige Lokale gegangen und die fanden es dort ganz toll."

„Hat sich für dich persönlich etwas geändert, als der Paragraf 175 geändert wurde?"

„Nein, gar nichts! Dic brcitc Masse wird über das Thema nie anders denken, egal ob es einen Paragrafen gibt oder nicht. Leider ist es ja so, dass sich viele Homosexuelle dermaßen auffallend und negativ in der Öffentlichkeit benehmen, und oft regelrecht abstoßend für normale Leute sind, dass es der Sache an sich nur Schlechtes einbringt. Da helfen Emanzipations- und Aufklärungskampagnen wenig. Ich glaube sowieso, dass nur Menschen mit mehr Intellekt anders denken."

„Du bist der Chef von vielen Angestellten. Gab es da schon mal Schwierigkeiten hinsichtlich der Homosexualität?“
„Nein, als Geschäftsmann habe ich keine Probleme. Im Übrigen ist es stadtbekannt, dass ich homosexuell bin. Als ich damals noch nichts von Schwulenlokalen wusste, habe ich in normalen Kneipen und Diskotheken sexuelle Kontakte gesucht. Die gescheiterten Versuche haben sich dann ziemlich schnell in der Stadt rumgesprochen, wie das eben in einer Kleinstadt ist. Und letztlich egal war es mir auch, als ich Matthias kennenlernte und er hier einzog. Das ist jetzt dreizehn Jahre her. Mit ihm bin ich immer noch glücklich.“
„Wann hattest du deinen ersten Geschlechtsverkehr?“, wollte ich wissen; ich musste endlich auf den eigentlichen Grund der Fragerei kommen.
„Ich war in allem ein Spätentwickler. Mit dreiundzwanzig Jahren habe ich zum ersten Mal mit jemandem geschlafen.“
„Mit einem Mann?“
„Ja, klar. Mit zweiundzwanzig habe ich mich zum ersten Mal selbst befriedigt, dazu stellte ich mir eine Fotografie von einem Mann auf, in den ich richtig verliebt war. Dieses Foto geilte mich sozusagen auf.“
„Hast du dir nie den Geschlechtsakt mit einer Frau vorgestellt oder es einfach mal versucht, mit einer sexuellen Kontakt zu haben?“

„Nein, ich war schon immer ein hoffnungsloser Fall.“

In dem Moment kam Matthias in die Küche und machte Friedrich einen Heiratsantrag.
„Mir hat grad einer erzählt, dass es hier in Deutschland auch Homosexuellen-Hochzeiten gibt“, plapperte Matthias fröhlich weiter.
„Davon habe ich noch nie etwas gehört. Ich dachte, das gibt es nur in Holland[9] oder Amerika“, wunderte sich Friedrich.
„Dachte ich auch. Aber der Rolf war bei einer dabei. Der evangelische Pastor kam im Talar, zog den aber aus, weil er etwas Verbotenes machte und vollzog die Trauung mit der entsprechenden Zeremonie. Also Friedrich, ich würde dich gern heiraten. Obwohl ich mich eigentlich schon verheiratet fühle. Ich brauche den Trauschein nicht. Ich liebe den Friedrich, wie wenn er Mann oder ´ne Frau wäre oder umgekehrt, ich Mann oder Frau wäre. Egal ob nun Mann oder Frau, und wer was ist, das ist völlig austauschbar, ich liebe ihn einfach.“
Matthias` Verwirrung ob der Geschlechter konnte ich gut nachempfinden; schließlich war es mir auch schon einige Male so ergangen, dass ich nicht mehr wusste, wer was war und was ich war. Ich war in

[9] Offiziell wurde die Homo-Ehe in den Niederlanden 2001 eingeführt und in Deutschland erst 2017.

dem Moment davon überzeugt, dass es völlig egal war, welches Geschlecht der Partner hatte, wenn sich zwei Menschen wirklich lieben. Nur bei Petra und Martin schien das nicht zu stimmen. Diesbezüglich fragte ich Wolfgang, der mir geheimnisvoll recht gab mit der Bemerkung, dass die beiden sich vielleicht nicht wirklich liebten. Um uns herum brach schallendes Gelächter aus. Wolfgang sprang verblüfft auf. Nicht nur, dass unser Gespräch belauscht worden war, ihm wurde plötzlich bewusst, dass er als Schwuler mitten unter seinesgleichen saß und behauptete, das Geschlecht seiner Sexualpartner sei ihm gleichgültig. Diese Geschichte brachte ihm den Spitznamen Bibi ein. Erschreckt über sich selbst geriet er offensichtlich in Panik. Eine andere Erklärung konnte ich nicht dafür finden, dass er sich wirklich den nächstbesten jungen Typen schnappte und ihn galant umgarnte. Für mich war dies das Zeichen, dass ich Wolfgang für den Tag abschreiben konnte. Das war mir sogar sehr recht, denn unter den zahlreichen Wochenendgästen war ein Mann um die dreißig, der nach Friedrichs Informationen normal sein sollte. Mir gefiel er trotzdem. Während ein Herr mit Künstlernamen Petersilie seine Show 'Aus zwei Bettlaken verschiedene Abendkleider kreieren' abzog, kamen wir ins Gespräch. Es muss wohl mein Schicksal sein, dass mir immer das Gegenteil von dem passiert, was ich glaube oder will. Jedenfalls

gestand mir der normale Klaus, dass er sich unsterblich in den achtzehnjährigen Michael, der gerade von Wolfgang eingefangen werden sollte, verliebt habe und nicht wisse, wie er ihn ansprechen solle, wo er doch bei Männern so gänzlich unerfahren sei. Helfen konnte ich ihm nicht, und so lagen wir uns trauernd in den Armen, denn unlogischerweise keimte in mir bei Wolfgangs und Michaels Anblick eine Art Eifersucht auf. Sollte ich mich etwa in Wolfgang verliebt haben? Diesen Gedanken verwarf ich auf der Stelle; er war meine zweitbeste Freundin und damit basta. Außerdem war mir Petras unerfüllte Liebe zu Martin Lehre genug gewesen. Schwul war schwul - und damit noch mal basta!
Zu später Stunde brach man allgemein in die oberen Gemächer zum Schlafen auf. Mir wurde ein Zimmer zugewiesen, in dem ich mich müde ausbreitete. Kaum hatte ich die Augen geschlossen, als die Tür aufgerissen wurde, ein männliches Wesen in mein Bett sprang und etwas von Vergewaltigung murmelte. Beruhigt legte ich mich in die Kissen zurück. Dieser junge Mann sollte von jemandem den er nicht wollte, vernascht werden und suchte jetzt Schutz bei mir. Von mir drohte ihm keine Gefahr, weshalb er der Einfachheit halber neben mir liegen blieb. Innerlich musste ich furchtbar lachen. Das verging mir aber, als die Tür zum zweiten Mal auf- und das Licht anging. Mein

mir unbekannter Bettgenosse erschreckte sich hocherfreut, als der mir ebenfalls unbekannte neue Mann sich auf die Bettkante setzte, ihm sanft durch das Haar strich und die beruhigenden Worte hauchte: „Ich werde dich ganz zärtlich vergewaltigen. Du willst doch, nicht wahr?“
Sein Nicken wartete ich nicht mehr ab. Ich flüchtete im Nachthemd auf den Flur. Nach einem Abstecher in die Bar machte ich mich auf die Suche nach einem Schlafplatz. Ich ging systematisch vor, aber das Haus mit seinen immerhin fünf Schlafzimmern war übervoll. In allen Zimmern lagen mindestens drei bis vier Personen; außer in einem, nämlich dem von Klaus, dem Normalen. Zu ihm flüchtete ich mich, hielt ihm ein Kurzreferat wie einfach es sei, schwul zu werden und schlief in dem großen französischen Bett ein. Ich träumte, Wolfgang und Michael hätten es sich auch noch in dem Bett bequem gemacht. Als ich am nächsten Morgen die Augen aufschlug, blieb mir ein Entsetzensschrei im Hals stecken. Es war kein Traum gewesen! Quer zu meinen Füßen lag Michael, rechts Klaus, links Wolfgang und die beiden hielten sich auf meinem Bauch die Hände – schlafenderweise natürlich! Da packte mich ein Lachkrampf, in den die anderen nach erkennen der Situation herzhaft einstimmten. Es war aber auch zu komisch, dass ausgerechnet die einzige Frau in diesem Homosexuellen-Haus die Bettenflucht angetreten hatte und dennoch mit drei

Männern im selben Bett aufwachte. Für die kommende Nacht bestand ich auf einem Zimmer zum Abschließen.

Rolf

Am Samstag machten wir alle zusammen einen Ausflug an einen Teich. Die meisten sonnten sich oder gingen spazieren. Ich fand bei diesem Picknick mein nächstes Interview-Opfer. Es war Rolf, 29 Jahre alt, ledig, Bankkaufmann, zwei Schwestern.

„Hast du dich mit deinen Schwestern gut verstanden?“

„Ja, in der Regel schon. Es gab mal so Zeiten, da hat man sich mit der einen Schwester nicht so gut verstanden wie mit der anderen. Vielleicht, weil wir zu dritt waren. Wir liegen zwar altersmäßig dicht zusammen, die sind 22 und 23 Jahre alt; meine jüngste Schwester ist als Nachkömmling wohl auch ungewollt gekommen. Dadurch, dass die erste Schwester zuerst da war, hat man sich mit ihr eben mehr beschäftigt und die Kleine so ein bisschen vernachlässigt. Irgendwann hat sich das mal gedreht und es gab dann so Zwistigkeiten. Aber jetzt, wo die beiden wissen, dass ich schwul bin, hat sich das ein bisschen gelegt. Na, man wird ja mit zunehmendem Alter auch vernünftiger.“

„Hast du zu deinen Eltern ein gutes Verhältnis?“

„Mit denen habe ich mich ganz gut verstanden. Na ja, das heißt, wie soll man das sagen? Also in der 5./6. Klasse musste ich mit dem Fahrrad zur Schule und habe immer für Notfälle fünf Mark mitgekriegt. Das war die Zeit, wo ich mich mit meinem Freund auseinandergelebt hatte, und da kam dann ein anderer Sohn reicher Eltern. Wir fuhren oft noch ein Eis essen, weshalb ich dann auch öfter diese fünf Mark angegriffen hatte. Es wurde natürlich immer wieder festgestellt, dass es weg war. Da habe ich dann doch ziemlich viel Prügel von meinem Vater gekriegt. Aber sonst gings eigentlich. Ich meine, im Moment nerven sie mich wieder ein bisschen; aber das ist wohl dadurch bedingt, dass man jetzt auch erwachsen ist und sich nicht so leicht unterordnen will."

„Du wohnst noch zu Hause?"

„Ja, wieder. Nach der Bundeswehr 1976 bin ich nach Berlin gezogen, weil ich da studiert habe. Als ich wiederkam, bin ich mit einem Freund zusammengezogen in meinem Heimatdorf, einem Kurort. Mit dem Ludwig habe ich ein Jahr zusammengelebt. Danach bin ich wieder zu Hause eingezogen."

„Hat es dabei irgendwelche Probleme mit den Eltern gegeben?"

„Nein, weder beim Einziehen noch beim Ausziehen. Gut, sie fanden es nicht so gut, dass ich nach Berlin ging, weil das doch ein bisschen weit ist. Andererseits hatte ich das ja bewusst gedeichselt, dass nur noch Berlin infrage kam, damit der Absprung vom Elternhaus mindestens erst mal da war. Das war auch der Grund neben der Sache mit Ludwig, dass ich nach Berlin nicht mehr zu Hause einziehen wollte. Aber nach dem Gespräch mit meinen Eltern, dass wir eben schwul sind, sagte mein Vater gleich, dass ich jederzeit wieder zurückkommen könne."

„Das ist natürlich toll für dich. Im Grunde kann man also sagen, dass du dich gut mit deinen Eltern verstehst?"

„Ja, bis auf Kleinigkeiten. Meine Mutter hat eben alles so geregelt. Um halb sieben wird Abendbrot gegessen, und wenn meine Schwestern mal ein bisschen später kam, flippte sie aus, weil sie dann die Küche nicht fertig kriegte. Oder, wenn man um neun oder zehn Uhr mal Hunger hatte, dann um Gottes willen bloß nicht die Küche schmutzig machen. Also, es geht einfach nicht, dass das Geschirr bis zum nächsten Morgen stehen bleibt."

„Ist das nur auf die Küche oder auf das ganze Leben bezogen?"

„Das ist schon immer so geregelt gewesen. Im Moment wird sie etwas lockerer, aber sonst hatte sie ihren speziellen Putztag und ihren speziellen Waschtag."

„Wie haben deine Eltern eigentlich reagiert, als du gesagt hast 'Ich bin schwul'?"

„Meine Mutter hat erst mal geheult, aber das kam mehr aus der Sicht, dass mein Vater im öffentlichen Dienst steht und dass die Leute reden könnten. Ich konnte ihr aber klarmachen, dass, wenn man wenig Geld hat, eine Wohngemeinschaft eben billiger ist, als wenn man sich eine eigene Wohnung nimmt. Wie viele Frauen leben zusammen oder wie viele gemischte Wohngemeinschaften gibt es. Warum sollen da nicht auch zwei Jungen zusammenwohnen, ohne dass die nach zusammen sind. Von außen gesehen sind ihre Befürchtungen ja auch nicht wahr geworden; also, dass jemand ankommt und sagt 'guck mal diese Schwulen' oder 'sind die schwul'. Im Gegenteil, wir haben zu unseren Nachbarn immer recht gute Verhältnisse gehabt. In der ersten und auch in der zweiten Wohnung."

„Wussten die Nachbarn über euch Bescheid oder habt ihr nie darüber gesprochen?"

„Nein, gesprochen nicht. In dem Haus des Architekten, der unten wohnte, waren noch zwei Wohnungen, und Ludwig hatte eine davon. Als ich eingezogen bin, hat der nichts gesagt, aber die Ehekräche haben die in dem Haus sicher mitgekriegt. Insofern konnten die sich das ja auch denken."

„Es hat aber niemand irgendetwas gesagt?"

„Nein, weder was gesagt noch Drohbriefe oder so geschickt. Das ist nie vorgekommen. Die zweite Wohnung war so ein kleines, abgeschlossenes Gartenhäuschen mit drei Zimmern. Vorn war eine Kneipe drin und ganz vorn noch ein Wohnhaus, das gehörte alles zu einem Grundstück. Da hatten wir auch nie Probleme. Na ja, die vorne wohnten waren auch schon über sechzig, die kannten wiederum meine Eltern, aber von denen hat auch nie einer was gesagt."

„Ich habe auch schon festgestellt, dass die Leute im Großen und Ganzen recht aufgeschlossen sind. Es gibt doch eigentlich sehr wenige, die dann sagen 'nee, das will ich nicht'."

„Na ja, o.k. Wenn das der Fall gewesen wäre, hätten vielleicht welche was unternommen, aber wir haben denen nichts getan. Wenn du es so siehst, der Ludwig ist ja Autoverkäufer, und dieser Architekt, dem die erste Wohnung gehört, kauft weiterhin bei ihm seine Firmenwagen. Und bei den anderen, die er so kannte, denen sagte er, er sei Autoverkäufer. Die sind dann auch gekommen und haben bei ihm ihre Autos gekauft. So was würde man ja nicht machen, wenn man was gegen Schwule hätte."

„Ich glaube auch, dass Leute, mit denen man mehr zu tun hat, also wie Nachbarn oder so, die man selbst korrekt und freundlich behandelt, dass die einen dann auch genauso behandeln."

„Nun sind wir beide auch ausgesprochene Durchschnittstypen, die eben nicht irgendwie, sei es positiv oder negativ, aus dem Rahmen fallen. Das ist eben so, wenn man in einem kleinen Ort mit 2.500 Einwohnern lebt. Wenn dort dann einer sehr tuntig ist, glaube ich schon, dass der auch leichte Schwierigkeiten haben könnte. Vor allem von der

Jugend, die dann irgendwas hinterherrufen. Das gibts ja auch alles."
„Du bist bei einer Sparkasse beschäftigt. Wie bist du dazu überhaupt gekommen?"
„Mit dem Studium lief das nicht so. Ich hatte Mathematik belegt, was mir in der Schule immer viel Spaß gemacht hatte, ich habe auch mit einer Zwei abgeschlossen. Damals bin ich zu einem Tag der offenen Tür in eine Universität gegangen, wo man mir zwar sagte, dass bei Mathematik etwa dreiviertel der Leute wieder abspringen, aber das schockte mich damals nicht. Ich dachte, du schaffst das schon. Aber dann war es eben so, dass ich erst mal durch den Bund fünfzehn Monate draußen war. Danach hatte ich auch das typische Problem, dass ich keine Wohnung hatte. Erst mal konnte ich bei einem Bekannten unterkommen, aber dadurch kam ich nicht in den dreiwöchigen Vorbereitungskurs, und das Studium baute dann auf Informatik und Mengenlehre auf, was wir in der Schule alles nicht hatten. Also, das lief alles nicht so richtig. In den Semesterferien jobbte ich hier als Bademeister und lernte dann im August 1977 den Ludwig kennen. Da ließ ich zu Hause andeutungsweise durchklingen, dass es mit dem Studium nicht so richtig lief. Dann sah meine Mutter in der Zeitung eine Anzeige von der Sparkasse, dass sie zum August 78 Lehrlinge suchten, da habe ich mich dann spaßeshalber beworben. Ich habe den Eignungstest gemacht und

wurde angenommen. Dann ging alles ziemlich schnell, ich habe in Berlin abgebrochen und bis August 78 gejobbt."
„Dein Beruf hat dir immer Spaß gemacht?"
„Ja, das kann man wohl sagen. Es ist ein sehr abwechslungsreicher Beruf. Die Ausbildung ist schon sehr interessant, weil du sämtliche Abteilungen durchläufst."
„Ich weiß, dass du gern diskutierst und liest. Was liest du gern?"
„Hauptsächlich Belletristik, aber auch Fachbücher. Also eine Zeit habe ich gern psychologische Schriften gelesen. Dafür interessiere ich mich schon eine ganze Weile. Ich war auf der Schule schon so eine Art Laien-Psychologe. Sehr viel Leute kamen mit ihren Problemen auf mich zu. Wahrscheinlich machte ich so einen Eindruck, der auf die Leute vertrauensvoll wirkte. Mir hat das auch Spaß gemacht, diesen Leuten zuzuhören und versuchen zu helfen. Bei meiner Wirtin in Berlin fiel mir die 'Einführung in die Psychologie' in die Hände, damit habe ich mich recht ausführlich beschäftigt. Vielleicht auch im Hinblick, eventuell auch die Studienrichtung zu wechseln. Das habe ich dann aber doch nicht gemacht, weil ich, wenn ich das wieder abgebrochen hätte, mich für eine Lehre zu alt gefühlt hätte. Ich war ja so schon vierundzwanzig und das ist schon komisch, weil die anderen alle jünger waren. Aber ich habe mich

schon immer zu Jüngeren hingezogen gefühlt; ich habe mich mehr wie achtzehn als vierundzwanzig gefühlt."

„Würdest du jetzt noch mal studieren?"

„Überlegt habe ich das schon oft, aber ich habe ja auch über die Sparkassenakademie Chancen, weiter zu kommen und das ist sicher auch nicht verkehrt.

„Lernst du grundsätzlich gern?"

„Ja, eigentlich schon. Auf der Grundschule hat es mir Spaß gemacht und in der ersten Zeit auf dem Gymnasium auch noch. In der siebten Klasse bin ich aber in Mathematik auf eine Sechs abgerutscht und auch in Französisch und bin natürlich sitzen geblieben. Das zweite Mal blieb ich in der neunten Klasse sitzen. Das war in der Pubertätszeit, wo man auch nicht so den Drang zum Lernen hat. Da will man ja nicht so einsehen, dass man für sich lernt und nicht für die Schule oder den Lehrer. Damals habe ich den Unterricht boykottiert."

„Inwiefern? Bist du nicht hingegangen?"

„Nein, das nicht. Wir haben grundsätzlich keine Schularbeiten gemacht, hatten immer Negerküsse auf dem Tisch stehen und dem Lehrer einen vorgeleckt. Wenn wir Vertretungsstunden hatten, flogen neben dem Pauker die Kreidestücke an die Tafel oder es wurde überhaupt nicht geantwortet. Manchmal bauten wir auch die Türklinken ab, sodass der Lehrer nicht rein kam. Na ja, solche wahrscheinlich typischen Streiche eben."

„Hast du während deiner Grundschulzeit lieber mit Jungen oder Mädchen gespielt?“
„Vor der Grundschulzeit hatte ich schon meinen besten Freund, mit dem ich zusammen eingeschult wurde. Dann hatte ich den Gerdchen als Freund. Wir beide hatten in der Klasse auch mehrere Mädchen, die wir ganz toll fanden. Zu viert oder sechst haben wir Gummitwist gemacht. Komischerweise hatte ich zu der Zeit dann mit Gerdchen zusammen den Titel 'Mädchenkönig' weg.“
„Weil du die meisten zum Gummitwist überredet hast oder warum?“, lachte ich.
„Ich weiß nicht genau. Zu der Zeit waren die meisten Jungs schon in der Phase, wo man sich mit Mädchen nicht mehr abgab. Das kam bei mir erst später, wo ich dann nur noch mit Jungen spielte.“
„Haben dich deine Eltern aufgeklärt?“
„Ja, wir haben mal so darüber gesprochen. Damals kamen auch die ganzen Kolle-Filme[10] auf. Im Fernsehen liefen auch so Aufklärungsserien, die man sich zusammen angeguckt und sich darüber unterhalten hat. Ich meine, man kriegt ja vorher immer mal was mit aufgrund des Unterschiedes, den es nun mal zwischen Jungen und Mädchen gibt.

[10] Oswald Kolle wurde 1968 durch sein Buch und seinen Film „Das Wunder der Liebe – Sexualität in der Ehe“ als der Aufklärungspapst berühmt.

Einige Jungen müssen schmutzige Witze reißen, wodurch man auch einiges erfährt. Außerdem war ich ja auch schon so etwa fünfzehn. Einige Jahre vorher habe ich mich schon selbst befriedigt, das heißt ich wusste damals noch nicht, dass man schöne Gefühle kriegt, wenn man sich am Glied reibt. Das waren eher die nächtlichen Samenergüsse und Orgasmen. Das andere habe ich erst später durch einen Klassenkameraden während des Konfirmandenunterrichts erfahren. Dann habe ich noch so ein Buch in die Hände bekommen. In der Badeanstalt schloss ich mich mit einem Typen ein, der mir zeigte, dass man die Vorhaut hin- und herschieben kann und dann schöne Gefühle kriegt."

„Hast du dich darüber gewundert, dass das schön ist?"

„Nein."

„Du hast gar nicht weiter darüber nachgedacht?"

„Nein. Man kriegt eben einen Orgasmus; das heißt, soweit ist es in der Badeanstalt gar nicht gekommen, den habe ich erst später allein gekriegt."

„Hast du dabei an Jungen gedacht?"

„Also die erste Zeit weiß ich das nicht so genau. Später ging das so ineinander über. Während des Konfirmandenunterrichts, ich war so etwa fünfzehn, war das die Zeit, das muss wohl in den Menschen drinstecken, mit der Sackklopperei. Ich habe mal mit einigen gesprochen, also aus anderen

Altersgruppen, aber das ist auch heute noch so, dass man dem anderen gern Schmerz zufügt, indem man ihm vor die Hoden haut. Aus diesem Grund hatte sich bei uns damals eine Gruppe gebildet. Ich fand diese Sackklopperei nicht gut und sagte, dass man das auch anders machen könnte, wenn man dem anderen ans Genital packen wollte. Mit meinem Freund ging ich irgendwann dazu über, dass man sich auszog und Größenvergleiche anstellte. Ich fand das immer ganz gut, obwohl mir das wohl mehr gegeben hat als denen, die wohl wirklich nur die Größe sehen wollten. Mir machte das Rumspielen viel Spaß. Allerdings habe ich in dem Alter noch nichts das dahinter gesehen, was ich jetzt dahinter sehe. Damals entdeckte ich übrigens, dass meine Eltern Pornos versteckt hatten. In dem einen von einer schwedischen Firma wurden nicht nur normale, sondern auch lesbische und homosexuelle Pornos angeboten. Damals habe ich zum ersten Mal mitgekriegt, dass es so was offiziell gibt. Andererseits wusste ich nicht, dass es so was überhaupt gibt. In den Pornos wurden auch welche über Masochismus und Tierliebe und so angeboten. Ich hatte allerdings zu diesen Dingen keinen Zugang. Ich konnte ja schlecht welche an meine Heimatadresse schicken lassen, die hätte dann mein Alter aufgemacht, weil er gedacht hätte, es sei seine Bestellung. In seinen normalen Pornos bewunderte ich schon immer die Männer."

„Hast du mit anderen Jungs darüber gesprochen, dass die an Mädchen denken?“

„Nein. Etwas später habe ich mit meinem Freund aus der Volksschule so ein bisschen rumonaniert. Wir probierten dann auch Pariser aus. Irgendwann kamen wir darauf, dass das Onanieren doch recht unbefriedigend ist. In einer Pornografie hatte ich dann gesehen, dass man den Penis auch in den Mund nehmen kann. Über diese Aktion muss ich heute noch lachen, denn auf den Pornos sieht man natürlich keine Bewegung mit der Zunge. Na, ich fragte meinen Freund, ob ich den Penis mal in den Mund nehmen könne. Er war erst fast ein bisschen schockiert, aber er ließ es dann doch zu. Ich nahm seinen Penis also in den Mund und dachte, 'na ja, das ist ja auch nicht alle Herrlichkeit'. Erst später kam ich drauf, dass man den im Mund bewegen muss oder der Partner sich bewegen muss. Später probierten wir auch das Bumsen aus, also Analverkehr. Aber das klappte nicht, wir hatten auch da die Technik noch nicht raus. Trotz Pariser und Kornfeld waren wir wohl zu verkrampft.“

„Habt ihr das denn nicht mit Mädchen ausprobiert?“

„Nein, der Typ sagte zwar immer, wenn man jetzt ein Mädchen hätte. Nun, heute ist er verheiratet. Aber ich habe immer mehr an Jungen gedacht.“

„Ist einer deiner Freunde von damals schwul geworden?“

„Ich glaube nicht. Die meistens sind verheiratet oder studieren irgendwo. Den Gerdchen trafen Ludwig und ich mal. Wir sagten ihm klipp und klar, wir wären schwul. Er meinte nur, er sei´s nicht, und das wars dann.“
„Hast du mit einem Mädchen mal Petting gemacht oder mit einem geschlafen?“
„1973 haben wir eine Klassenfahrt nach Paris gemacht. Der Klaus, der damals mit der Gaby befreundet war, und ich, wir hatten ein Abteil für uns, während die anderen zu sechst in einem Abteil waren. Ich habe mich da liebenswürdigerweise zur Seite gedreht, damit die beiden das ausnutzen konnten. Später waren die mit den Franzosen zusammen. Irgendwann hatte ich dann die Nase voll davon, immer allein rumzulaufen und habe mich der Michaela angeschlossen. Wir haben auf der Rückfahrt einen sehr schönen Tag in Paris verbracht, so richtig romantisch am Sacré-Cœur gesessen, Hand in Hand rumgeschlendert und so. Ich habe das aber nur für die Frankreichfahrt gesehen, und zum Küssen wäre es von mir aus nie gekommen, weil ich nichts Festes wollte. Auf der Rückfahrt im Zug kriegte ich dann einen Gute-Nacht-Kuss; sie hatte mich regelrecht überrumpelt. Eine ganze Zeit später schickte sie mir so eine Giraffenkarte, wo draufstand 'Mensch hast du ´ne lange Leitung! Ruf doch mal an.' Das tat ich und daraus entwickelte sich eine Freundschaft, die etwa

zwei Jahre dauerte. Wir hatten eben auch Sexualverkehr, aber irgendwie klappte das alles nicht so richtig. Es war für beide das erste Mal. Außerdem war es so, wenn ich Lust hatte, hatte sie keine, wenn sie Lust hatte, hatte ich keine."

„Das ist ja schwierig. Und das hat trotzdem zwei Jahre gehalten?"

„Ja, das war wirklich schwierig. Vor allem, wenn wir beide wollten, waren grundsätzlich die Eltern da. Aber es haben sich dann noch mehrere Gelegenheiten geboten, wobei ich sehr große Schwierigkeiten hatte, einen Orgasmus zu kriegen. Wir sind zusammen in Urlaub gefahren. Zum Schluss gab es einige Differenzen, das Sexuelle haben wir dann fast ganz raus gelassen, und dann lernte sie einen anderen kennen. Ich war sehr froh darüber, weil ich sonst den Absprung nicht geschafft hätte. Die Eltern mochte ich sehr gern, die habe ich sehr oft besucht. Das Ganze war schon sehr schön."

„Hat es dir gefallen mit dem Mädchen zu schlafen?"

„Na ja, wie ich schon sagte, das war doch mit einigen Schwierigkeiten verbunden. Allerdings habe ich diese Schwierigkeiten zeitweise auch mit Männern gehabt. Auch heute noch. Also, wenn ich selbst aktiv bumse, habe ich irgendwie nicht das Durchhaltevermögen, dabei selber zum Orgasmus zu kommen. Das war damals so und ist auch heute noch so. Ich kann das jetzt nicht unbedingt auf

Mädchen projizieren oder nur auf Jungen. Ich weiß nicht, wo nun der Hauptgrund, die Hemmnisse und so liegen, aber vielleicht resultiert das daraus, dass ich in meiner Schwulenbeziehung immer mehr passiv war. Zu der Zeit mit Michaela jedenfalls musste ich immer, wenn wir spazieren gingen und es ging ein hübscher Junge vorbei, erst mal nach dem umdrehen. Das ging einfach nicht anders. Und es gab ja immer irgendwelche Jungen. Vor längerer Zeit habe ich mit Christiane geschlafen. Na, was heißt geschlafen. Wir lagen zu dritt mit ihrem Freund im Bett und haben ferngesehen. Die waren dann fertig, und wir hatten uns alle drei so ein bisschen aufgegeilt. Jedenfalls wollten wir ihren Freund ärgern und taten so, als wenn wir wollten. Ich hatte auch irgendwie eine Erektion und ich wollte es mir ihr versuchen, aber dann mussten wir so lachen, dass wir vor Lachen nicht zum Bumsen gekommen sind. Das war schon ganz schön lustig, aber ansonsten bin ich lieber mit Jungen zusammen. Das gibt mir innerlich mehr."

Es entstand eine nachdenkliche Pause. Für mich hatte das Interview seinen Zweck erfüllt. Über das für Frauen nicht besonders zufriedenstellende Ergebnis konnte mich auch nicht ein gewisser Stolz über die schon wesentlich professionellere Art, ein Interview geführt zu haben, hinwegtrösten. Ein ohnmächtiges Unbehagen machte sich innerlich breit und die große Frage 'Warum?', die ständig ohne Antwort blieb, machte mich fast aggressiv. Allerdings konnte ich dadurch auch nichts ändern an dem Ergebnis, dass sich bei den meisten zu wiederholen schien. Ich hörte Rolf weiter zu, der jetzt fast mehr zu sich selbst sprach.

„Kurz bevor ich Michaela kennenlernte, das war so Anfang 1973, und das war wohl so ein Schlüsselerlebnis, las ich einen Bericht im 'Spiegel'. Das war so etwa die Zeit, in der der Regisseur Rosa von Praunheim seinen Film 'Nicht der Homosexuelle ist pervers, sondern die Gesellschaft, in der er lebt'[11] gemacht hatte. Gesehen habe ich den Film leider nicht, weil der ziemlich spät lief, und ich wollte meine Eltern damit nicht konfrontieren, das heißt, ich wollte nicht mit meinen Eltern darüber diskutieren. Den Spiegel Artikel darüber habe ich dann gelesen, und da wusste ich, dass es Homosexuelle gibt.“

„Hast du dir selbst damals gesagt, dass du schwul bist“ wollte ich wissen.

„Ja, das habe ich, obwohl das im krassen Gegensatz zu der immerhin zweijährigen Freundschaft zu Michaela steht. Das war hinterher. Aber seitdem wusste ich das. Ich habe dann auch gesehen, dass es

[11] Der Film 'Nicht der Homosexuelle ist pervers, sondern die Gesellschaft, in der er lebt' wurde 1971 veröffentlicht. Er sorgte für großes Aufsehen und auch für eine neue deutsche Schwulenbewegung.

Zeitschriften dafür gibt, die ich mir hin und wieder auch gekauft habe, also wie 'Don' oder 'Du und Ich'. Damals hatte ich noch nicht die Traute, einfach an den Kiosk zu gehen. Als dann die Freundschaft mit dem Mädchen zu Ende war, war eben auch das Verlangen sehr stark, jemanden, der so ist wie ich, kennenzulernen. Ich habe in meiner Disco geguckt, ob jemand darunter ist, habe aber nie jemanden gefunden. Allerdings hatte ich auch noch nicht den Blick dafür. Ein Zufall hat mir dann geholfen, dass dieser eine Typ bei uns zur Kur war. Der sah eigentlich schon ein bisschen tuntig aus oder besser gesagt feminin, obwohl er auf männlich machte, aber gleichzeitig feminin, wie das bei vielen Lederschwulen[12] ist. Ich bin öfter im Park hinter dem hergegangen, aber der machte keine Anstalten. Ich traf ihn mal in der Nachbarstadt und wartete extra so lange, bis der auch mit dem Bus zurückfuhr und setze mich neben ihn. Da hatten wir leichten Beinkontakt. Als wir ausstiegen, bin ich hinter ihm her gegangen, aber dem schien das nicht aufgefallen zu sein. Beobachtet habe ich nur, dass der sich einem anderen Typen oft unterhielt. Das war Ostern 1975. Den Fred, so hieß der Kurgast, sah ich dann längere Zeit nicht mehr und ich wusste gar nicht, ob er überhaupt noch da war. Deshalb konzentrierte ich

---

[12] Lederschwule bezeichnet man die homosexuellen Männer, die schwarze Ledersachen tragen, ähnlich wie Rocker.

mich auf den anderen Typen und habe den praktisch verfolgt. Als ich merkte, dass der mir den Weg abschneiden wollte, setzte ich mich auf eine Bank und wartete, bis er kam. Wir unterhielten uns, gingen ein Bier trinken und über den kriegte ich raus, dass der Fred noch da war, aber krank im Bett lag. Dieser Typ, komisch, ich weiß gar nicht mehr, wie der hieß, immerhin war das mein erster Mann, aber für mich nur Mittel zum Zweck, um den Fred kennenzulernen. Jedenfalls ging ich mit dem Typen in einen Tunnel, und wir wichsten da ein bisschen rum. Der wollte mich dann auch bumsen, obwohl ich das noch nie gemacht hatte, aber das war mir in dem Moment völlig egal. Ich machte die Beine hoch, und der bumste mich durch. Ich kriegte sogar einen Abgang. Von dem Typen ließ ich mich aufs Zimmer von Fred führen und anfangs knutschten wir zu dritt. Der Fred hatte einen so starken Bartwuchs, dass ich erst mal drei Stunden spazieren gehen musste, bevor ich nach Hause ging. Ich war total rot im Gesicht. Meine Tante, die zu Besuch war, sagte 'wie siehst du denn aus?' Ich meinte nur, es war ein eisiger Wind.

Mit Fred habe ich mich dann oft getroffen. Wir küssten uns manchmal, und wenn sein Zimmergenosse nicht da war, trafen wir uns in seinem Zimmer. Und der andere Typ, ach ja, Herbert hieß der, der stand etwa hundert Meter entfernt hinter Bäumen und guckte zu uns zum

Zimmer. Den hatten wir total sausen lassen, der war auch ein bisschen primitiv. Fred ging schließlich nach Berlin zurück, wir schrieben uns. Er lud mich sogar ein, nach dem Abitur nach Berlin zu kommen. Ich besuchte ihn auch und lernte dort Uwe kennen, den ich stark fand. Zuerst schlief ich mit Fred, weil ich den ja nun kannte und Sex mit ihm gehabt hatte. Mit Uwe schlief ich auch jeden Abend. Wir gingen noch aus und ich lernte sämtliche Kneipen kennen. Damals habe ich eigentlich rumgehurt wie ein Wilder. Alles, was mir gefiel, musste mitgenommen werden; das war ein regelrechter Nachholbedarf. Da habe ich ja auch Friedrich und Matthias kennengelernt, mit denen ich wieder zurückfuhr. Die beiden besuchte ich mal übers Wochenende und lernte auch die anderen kennen. Die sagten mir, dass es hier auch Schwulenläden gibt."

„Ja, es ist wirklich seltsam, dass man immer erst woanders hinfahren muss, um das zu erfahren", sagte ich.

„Ja. Und dann kam ich zum Bund. In der Nähe von zu Hause, sodass ich am Wochenende immer da sein konnte. Ich ging oft mit der Margit aus, die inzwischen meine beste Freundin geworden ist. Sie war eine Klassenkameradin, die auch die Erste war, der ich sagte, dass ich schwul bin. Das war 1975. Sie hat das sehr gut aufgenommen und ich habe seitdem auf Sex mit Frauen verzichtet."

Homosexuelle Männer und die Frauen

Da war es wieder. Die Frau hatte es Rolfs Einschätzung nach akzeptiert, dass er schwul war. Aber es wirklich so? Ich hoffte es sehr für sie. Aber vielleicht hatte die eine oder andere der Frauen, von denen die Männer sagten, sie hätten eine rein platonische Freundschaft akzeptiert, ein ähnliches Problem wie Petra? Vorstellen konnte ich es mir schon, denn auch bei Petra schien es nach außen hin so zu sein, das heißt, es schien so gewesen zu sein, denn seit ihrem Selbstmordversuch, von dem inzwischen alle wussten, war das ja anders.
Auf jeden Fall wollte ich ihr sofort das Interview zu lesen geben, damit sie endlich begriff, dass sie in eine Sackgasse geraten war und es Zeit wurde, sich langsam umzuorientieren.

In meinem nächsten Interview wollte ich noch sauberer die Tatsachen herausarbeiten, dass Frauen in einem Homosexuellenleben höchstens zum Gebären von jungem homosexuellem Nachschub gut sind. Das war ein sehr bösartiger Gedanke, der aber auch nur meine eigene Hilflosigkeit widerspiegelte. Als Rolf seine Verzichtserklärung tatsächlich ausgesprochen hatte, war mir, als wäre ich gegen eine Wand gelaufen.
Mein Selbstbewusstsein als Frau war gewaltig angeschlagen. Was konnte ich dafür, dass ich eine

Frau war; wahrscheinlich ebenso viel wie diese Männer, dass sie eben gleichgeschlechtlich empfanden. Aber gab es nicht doch eine Möglichkeit der Heilung für sie? Bei einigen schienen mir in der Tat frühe Erlebnisse oder Mütter 'schuld' an der Homosexualität, aber das war natürlich sehr oberflächlich gedacht. Es gibt einfach zu viele Homosexuelle, daran konnten ja nicht alle Mütter und/oder Väter schuld sein. Ich rief mich selber zur Vernunft. Persönlich hatte ich an ihnen nur das Interesse, von ihnen akzeptiert zu werden und ein paar nette Abende zu haben. Ich wollte von ihnen genau das, was sie von Frauen wollten. Spaß auf reiner Kumpelbasis. Auf diese Weise konnte ich ihre Einstellung zu Frauen und auch ihre Lebensweise akzeptieren, das heißt, ich wollte dies akzeptieren. Aber tat sich das ehrlich? War nicht vielleicht auch bei mir der Vater des Gedankens, dass ich auf meine Umwelt interessanter wirkte, wenn ich mich mit diesen meist sehr schönen, gepflegten und intelligenten Menschen umgab, die auf Normale fast wie Paradiesvögel wirkten? Mir selbst darauf eine Antwort zu geben, blieb mir durch das Ende unseres samstäglichen Picknicks und dem damit verbundenen Aufbruch erspart.

Nachdem wir wieder bei Friedrichs Bungalow angekommen waren, erwartete mich die nächste Überraschung. Zwei höchstens sechzehnjährige

Jungen öffneten uns die Tür. Ich war entgeistert, die Bisherigen waren wenigstens achtzehn gewesen!
„Nanu, wer seid ihr denn?“, wunderte ich mich.
„Ich bin der Uli und das ist Christopher.“
„Seid ihr Verwandte von jemandem?“
„Nein, wir üben mit unserer Band im Keller.“
„Seid ihr denn schwul?“, fragte ich direkt.
„Nein, wir sind stinknormal.“
„Soso“, sinnierte ich innerlich höchst empört. Das war doch nichts anderes, als sich ein paar Neue heranziehen! An diesen Tag war ich einfach nicht besonders gut auf meine homosexuellen Freunde zu sprechen. Ich fragte die beiden aus, was sie von Homosexualität wüssten und wie sie in dieses Haus gekommen seien. Sie wohnten beide in der Nachbarschaft und hätten früher das Auto von Matthias gewaschen. Irgendwann hätte Matthias ihnen gesagt, dass er und Friedrich schwul seien und sie ein wenig über Homosexualität aufgeklärt. Seit knapp zwei Jahren dürften sie mit ihrer Band im Keller üben. Hier sei es auch immer so lustig, das fänden ihre Freundinnen auch. Diese letzte Bemerkung stimmte mich milder; wenn auch die Freundinnen hier waren, dann ... Uli meinte noch, Friedrich und Matthias seien fast wie große Brüder oder Väter für sie. Zu ihnen kämen sie mit vielen Problemen, über die man sich mit den beiden eher unterhalten würde als mit ihren Eltern. Außerdem seien beide ja auch relativ normal, nicht so wie Frau

Ewald, der meistens in Frauenkleidern herumliefe. Mit dem würden sie sich nicht in die Öffentlichkeit trauen und ihn in einer normalen Diskothek vermutlich auch gar nicht kennen. Da stimmte ich ihnen ehrlich zu. Mit Ewald im Kleid in eine normale Diskothek gehen? Nie!

Mein Schicksal wollte es anders. Keine vier Stunden später saß ich mit fünf Männern und Ewald mit seinen Wurstfingern im schwarzen Abendkleid in der Disco. Als ich auf die Toilette ging, begleitete mich Frau Ewald. Er trichterte mir unterwegs ein, dass ich auf die gleiche Toilette gehen müsse wie er, damit 'keiner was merkt'. Ich sagte nur: „Natürlich, du bist ja schließlich ein Mann!“

An jenem Abend muss ich mich fürchterlich betrunken haben. Man erzählte mir am nächsten Tag, ich hätte mit Ewald getanzt, und zwar Tango mit fallen lassen, was nichts anderes heißt, als die Dame rückwärts über das Knie legen und das Knie dann ruckartig wegziehen bis die Dame auf den Erdboden prallt. Ewald soll daraufhin mit der Bemerkung, ich sei ihm zu männlich, mit verrutschter Perücke nach Hause gehumpelt sein.
Erinnern konnte ich mich auch nicht an das Eifersuchtsdrama, von dem mir Sebastian, der mit uns in der Disco gewesen war, erzählte. Nach Frau Ewald soll ich mir einen Rocker geschnappt haben,

der groß, schwarzhaarig und mit Schnäuzer nicht nur mein männliches Idealbild darstellte, sondern auch noch äußerst kräftig und somit fast gefährlich wirkte; mit anderen Worten ein regelrechter Macho-Typ. Unser Flirt wurde von Wolfgang belauscht, der in dem Moment eingriff, als mich mein Macho als Zeichen seiner Sympathie zu einer Runde Motorradfahren einlud. Da sei Wolfgang aufgesprungen, hätte sich mit geballten Fäusten vor dem Rocker aufgebaut und mit männlich-aggressivem Zittervibrator in der Stimme gesagt, ich sei seine Freundin und ginge nicht fremd. Ich hätte mich vor Lachen ausgeschüttelt und mit dem Satz 'ich wusste gar nicht, dass fremdfahren nicht gesellschaftsfähig ist' beide stehen lassen.
Die Vorstellung, dass der zierliche Wolfgang sich wegen mir mit einem boxerähnlichen Schwergewicht schlagen wollte, brachte mich auch da noch zum Lachen. Ich dachte amüsiert, dass es dasselbe sei, als ob Kung Fu - Meister Bruce Lee vom Weltmeister im Mikado zum Zweikampf gefordert worden wäre.
„Schade, dass ich mich nicht daran erinnern kann. Muss ja ein echt lustiger Abend gewesen sein“, lachte ich.
„Wie kannst du nur so grausam sein?“, fauchte mich Sebastian plötzlich wütend an.
„Wolfgang ist fast vor Eifersucht geplatzt!“
Ich bekam vor Lachen kaum noch Luft.

„Eifersucht?“, keuchte ich, „Der ist doch nur sauer auf sich, dass er den nicht selbst angesprochen hat. Auf solche steht er nämlich.“
„Jetzt will ich dir mal was sagen!“, der drohende Unterton in Sebastians Stimme zwang mich zum Zuhören, „Vor über zehn Jahren, da war ich vierundzwanzig und wusste längst, dass ich schwul bin, lernte ich eine Frau kennen, mit der ich auch schlief. Allerdings konnte ich mich aber nicht sie befriedigen. Wir redeten mal darüber und sie meinte, es sei ihr egal, wir könnten trotzdem zusammenbleiben und wir könnten sogar heiraten. Ich habe damals lange überlegt, ich mochte die nämlich sehr gern. Aber irgendetwas fehlte in der Beziehung. Das wäre sowieso zum Scheitern verurteilt gewesen. Sie hätte gewusst, dass ich mir Jungen suche, wenn ich ausgehe. Und ich hätte auch gewusst, dass sie sich Männer sucht, wenn sie ausgeht. Wir hätten furchtbar viel Streit gehabt. Weißt du“, meinte er mit beruhigender Lehrerstimme, „auch wenn du homosexuell bist und mit einer normalen Frau zusammenlebst, kannst du Eifersucht verspüren. Du magst die Frau als Ganzes und wenn du weißt, die ist mit einem anderen zusammen, ist das eine Sache, die dich stört. Da kannst du doch den Wolfgang nicht so vor den Kopf stoßen. Der liebt dich doch, schläft aber lieber mit Männern.“

Was dann passierte, kann man nur als Atombombenexplosion meinerseits bezeichnen. Ich schrie meinen ganzen aufgestauten Frust heraus: „Was glaubt ihr eigentlich, wer ihr seid? Vom Schicksal geschlagene und verlassene Menschen? Ein vor Selbstmitleid triefender Haufen Memmen seid ihr! Ihr armen, armen Häschen! Kommt doch da glatt ein normales weibliches Wesen, macht einen von euch eifersüchtig und lacht auch noch darüber und verletzt damit die edlen Gefühle eines Ritters, weil sie mit einem anderen Mann Motorrad fahren möchte! Ich stoße Wolfgang damit vor den Kopf? Ich, die seit Jahren in unserer Stadt Wolfgangs Alibi ist, während er sich im Dunkeln mit Lustknaben trifft! Ja, die habe ich hinzunehmen, ich bin ja nur eine Frau, die von euch für solche Zwecke gnädigerweise geduldet wird. Wo lebt ihr denn? Im achtzehnten Jahrhundert, wo man sich seine Ehefrauen kaufte, sie in ein Haus steckte und sich unzählige Geliebte hielt? Wir leben im zwanzigsten Jahrhundert und ich nehme mir dasselbe Recht heraus wie Wolfgang. Ja, ich bin gern mit ihm zusammen und ich liebe ihn als Kumpel, weil er nämlich schwul ist, falls ihr das noch nicht wisst. Ich bin normal und habe ebenfalls ganz normale menschliche Bedürfnisse, die befriedigt werden wollen, was durch Wolfgang kaum getan werden wird. Glaubt ihr, ich hätte nichts Besseres zu tun, als Wolfgang wehzutun? Verhält sich meine Freundin Petra eurer Meinung nach anständiger, indem sie vor lauter Rücksichtnahme lieber versucht, sich das Leben zu nehmen, als dem gnädigen Herrn Martin zu missfallen?“

Meine Zuhörerschaft hatte sich inzwischen auf zehn Personen erhöht.

„Und ausgerechnet in diesem Haus, in das alle nur zum fröhlichen Reihumbumsen kommen, wird mir der Vorwurf gemacht, mit einem fremden Mann zu flirten? Ihr wollt gleichgestellte Gesellschaftsmitglieder sein? Ja, das wollt ihr, aber nur mit Heiligenschein und Sonderstatus!“

'So also denke ich über Schwule', war der überraschende Abschlussgedanke, den ich allerdings für mich behielt.

Keine zehn Minuten später befanden sich Wolfgang und ich auf der Heimfahrt und zwei Dinge standen fest; erstens hatte ich mich tatsächlich in Wolfgang verliebt und zweitens konnte ich keine Homosexuelle leiden.

Ich beglückwünschte mich zu meinem Forschungsergebnis und trauerte während der zweistündigen schweigsamen Fahrt jener unbeschwert-fröhlichen Zeit meiner Jugend vor einigen Wochen nach. Wie viel Spaß hatten wir doch in den anderthalb Jahren unserer Bekanntschaft gehabt. Mir fiel die Silvesterfeier auf Sylt ein. Mit dem Tunten-Express fuhren wir von Hamburg nach Westerland. Petra, Martin,

Wolfgang und ich saßen inmitten einer Männer-Clique, die dem Zug den Namen gegeben hatte. Es dauerte nur wenige Minuten, bis Petra Wattebäuschchen am Ohr hingen, ich die Nachtcreme im Gesicht hatte und wir die Ehre hatten, einen Billig-Sekt aus ihrer Flasche trinken zu dürfen. Dann die süß-säuerliche Miene von Melanie, dem Inhaber und Türsteher des KV in Westerland, bei der Demonstration, wie jeder Schluck Alkohol die Gehirnzellen zerstört – als Gehirnzellen benutzten wir die Luftballons der Silvesterdekoration, die erwartungsgemäß beim Anpieksen zerplatzten. Der Hamburger Fischmarkt, als Wolfgang beim Bezahlen der Zeche, von einem Müdigkeitsanfall überrascht, über seinem Portemonnaie einschlief, während Petra verzweifelt versuchte, ihren achtzigjährigen Verehrer abzuhängen, und Martin von der Bahnpolizei als betrunkener Obdachloser identifiziert und in der Bahnhofsmission abgeliefert wurde.
Dann war da noch das aufregende Ereignis, als Petra und ich erstmals ein Geburtstagsgeschenk im Sex-Shop kauften; es war der neueste Gay-Guide (Schwulenführer) Spartacus für Wolfgang, in dem alle bekannten Gaststätten, Diskotheken und Plätze verzeichnet waren, an denen es Homosexuelle gibt oder geben könnte. Ganz deutlich sah ich auch wieder vor mir, wie Wolfgang und ich in einer normalen Diskothek saßen und wir ein geeignetes

männliches Ansprechobjekt ausgemacht hatten. Wir stritten uns regelmäßig, wer ihn ansprechen durfte. In Bezug auf Männer hatten wir denselben Geschmack. Bis wir mit dem Streiten fertig waren, war der Typ meistens schon vergeben, aber dann wussten wir wenigstens, wer bei ihm eine Chance gehabt hätte, woraufhin das Zanken erst recht losging und lediglich durch das Ertönen der Homo-Hymne „YMCA“ von der Musikgruppe „Village People“ unterbrochen wurde. Bei dem Titel stürzten hauptsächlich männlichen Gäste auf die Tanzfläche, um Adressen auszutauschen, während die Frauen ihre Handtaschen um den Kopf schwangen und sie manchmal sogar einem „Partner“ auf den Kopf hauten. In Schwulenlokalen machten das die Tunten mit Hingabe, denn die hatten wegen ihrer weiblichen Kleidung meistens Handtaschen dabei. Es war eine herrlich verrückte Zeit gewesen, von der ich nicht glaubte, sie wäre soo verrückt gewesen, wären Wolfgang und Martin zwei ganz normale Männer gewesen.

In diese Träume hinein brummte mich Wolfgang an: „Ich weiß gar nicht, warum du so zufrieden vor dich hin grinst. Bei Friedrich und Matthias können wir uns nie wieder sehen lassen.“
„Du schon. Ich nicht“, stammelte ich betroffen. Allerdings weniger wegen der Tatsache, dass ich dort nicht mehr hingehen sollte, sondern weil mir

unkontrollierbar die Herzchen aus den Augen schossen. Jetzt gab es keine Zweifel mehr, es hatte mich voll erwischt. Ich war in meinen besten Kumpel verliebt.

Ibiza

Wolfgang setzte mich bei Petra ab, die von Martin wieder einmal gründlich versetzt worden war. Wir heulten stundenlang gemeinsam und hassten alles, was die Bezeichnung Mann oder so ähnlich trug. In Gram vereint, beschlossen wir, kurzfristig Urlaub zu machen, um von allem Abstand zu gewinnen und uns richtig zu amüsieren. Wir flogen nach Ibiza und verbrachten dort wohl die schwulsten vierzehn Tage unseres Lebens.
Warum?
Der schönste Strand Ibizas sind die „Salinas", der fast ausschließlich von Männern frequentiert wurde.
Abends erwischten wir mit absoluter Treffsicherheit meist schwule Lokale, auch wenn manche Lokale nicht rein schwul waren, kamen wir meistens nur mit Homosexuellen ins Gespräch, die schienen uns förmlich zuzufliegen. Da wir nicht auf intime Urlaubsbekanntschaften aus waren, war es mit den Schwuchteln[13] einfach viel lustiger; denn welcher normale Mann nennt sich schon Großmutter und reitet auf einem Küchenbesen über

[13] Das Wort „Schwuchtel" wird oft als Schimpfwort für Homosexuelle benutzt. Von Homosexuellen untereinander benutzt, ist das Wort oft liebevoll gemeint. Es gilt aber auch dort das Wort als Schimpfwort, wenn sehr feminin wirkende Männer oder Tunten sich zu auffällig benehmen.

die Straße oder lieh uns seine Puderdose, was möglich war, wenn Christian als „Tante Klara“ seinen Freund, der seinen Lebensunterhalt als Operndiva, die auf der Straße 'La Traviata' schmetterte, einen Besuch abstattete. Nach drei Tagen hatten wir uns in unser Schicksal gefügt und verbrachten die Abende mit der Großmutter, Tante Klara und deren Bekannte am Fuß der Stadtmauer im sogenannten Schwulenviertel. Normale verirrten sich selten in dieses Konglomerat von schwulen Restaurants, Bars und Cafés, obwohl es so wunderschön gelegen war. Die ockerfarbene Mauer wurde abends angestrahlt und streute ein warmes Licht auf die bunten Lampions, Holzbänke und auf 007, unseren furchtsamen Nachbarn aus dem Zimmer Nr. 007, dessen wahren Namen wir erst bei der Abreise erfuhren.
Eins war uns während des Urlaubs klar geworden. Das, was immer es auch konkret sein mochte, woran wir die Homosexuellen erkannten, haftete uns auch an, sodass die schon genau wussten, dass sie mit uns problemlos „anbandeln“ konnten; es war etwas, das aber normale Männer restlos abzuschrecken schien. Dieses „Etwas“ galt es abzustellen und dazu gab es nur eine Möglichkeit. Keine Schwulen mehr!!!

Von Ibiza kamen wir mit dem festen Vorsatz zurück, uns von Martin und Wolfgang weitestgehend zurückzuziehen, denn wir beide hatten die Sinnlosigkeit unserer Beziehungen zu ihnen eingesehen und beabsichtigten dementsprechend zu handeln. Petra tat dies mit allen Konsequenzen; sie nahm eine neue Arbeit in Berlin an, während Martin ohne Absprache zum selben Schluss gekommen zu sein schien und zum gleichen Termin eine neue Stellung in Köln annahm.

Nur mir passierte wieder einmal das Gegenteil meines Vorsatzes. Wolfgang erklärte mir, dass er mich wirklich liebte und mich als Lebenspartnerin haben wollte. Seine schwule Zeit sei damit vorbei. Ich glaubte ihm irgendwie. Wir gingen zunächst öfters miteinander aus, um „es“ langsam anzugehen.

Petra beneidete mich um mein Glück bis zur Geburtstagsfeier meines Vaters, zu dem Wolfgang natürlich auch eingeladen wurde. Er gehörte ja inzwischen sozusagen zur Familie. Er war eigentlich ständig mit dabei. Genau wie bei meinen Freunden, die ihn eigentlich alle sehr mochten.

Es klingelte an der Haustür, ich öffnete Wolfgang, der mich mit seltsamer Stimme und Wangenkuss begrüßte. Dann griff zur Seite, zog einen jungen Mann an sich heran, sodass ich ihn sehen konnte, und sagte: „Ach, darf ich dir Andreas vorstellen? Er kam zufällig vorbei, und ich dachte, ich könnte ihn mitbringen. Er ist nur heute hier.“ Mir war es, als

gefriere mir mein Blut, aber natürlich ließ ich beide herein.
Meine Eltern schlossen Andreas sofort ins Herz. Er war blond, mittelgroß, gepflegt, sehr freundlich und äußerst zuvorkommend. Die Blicke, die ihm Wolfgang in vermeintlich unbeobachteten Momenten zuwarf, waren für mich allerdings mehr als eindeutig.
Ich kämpfte einige Tage lang mit mir. So wie Wolfgang würde ich nie wieder jemanden lieben können, da war ich mir sicher; und Wolfgang liebte mich auch, allerdings hatten wir noch nicht miteinander geschlafen. Davon abgesehen, konnte ich diese quälende Eifersucht auf Männer bekämpfen? Immer wieder fragte ich mich, was wäre, wenn Andreas eine Frau wäre. Die Antwort fiel mir schwer, aber bei einer Frau glaubte ich, den Konkurrenzkampf antreten zu können, bei einem oder gar mehreren Männern nicht. Wäre Andreas aber eine Frau, würde ich mir eine ständige Beziehung zwischen ihm und Wolfgang nicht bieten lassen und die Konsequenzen ziehen.
Das tat ich – drei Monate später hatten Petra und ich eine gemeinsame Wohnung in Berlin.

Joachim in Berlin

Einige Zeit später unterhielten wir uns wieder einmal über die chaotische Zeit mit Wolfgang und Martin. Wir waren davon überzeugt, seinerzeit richtig gehandelt zu haben. Dann listeten wir ganz sachlich auf, was aus uns allen geworden war.

Martin wohnte seit über zwei Jahren zusammen mit seinem Freund und zwei Katzen in der Nähe von Köln. Er schien glücklich, sehr häuslich und beruflich zufrieden zu sein, obwohl er in einer völlig anderen Branche als vorgehabt arbeitete.

Wolfgang wurde arbeitsloser Alkoholiker, der einen einjährigen Aussteigerversuch in der Karibik hinter sich hatte. Er wollte immer wieder gern zurück dorthin, weil er sich dort in einen Jugendlichen verliebt hatte und glaubte, dass der tatsächlich auf ihn wartete. Genauso gern wollte er aber wegen seiner eigenen Bequemlichkeit, nämlich hier staatliche Unterstützung zu bekommen, in Deutschland bleiben. Hin und wieder rief er an, wenn er Geld brauchte.

Petra hatte in ihrem Beruf eine steile Karriere gemacht, so wie Martin das eigentlich für sich gedacht hatte. Sie schien zufrieden, wirkte aber auch ein wenig wie getrieben. Und ich war entsetzt, wenn sie sich immer wieder mal fragte, ob sie vielleicht doch zu früh aufgegeben hätte, auf Martins „Umkehr“ zu warten. Einen Freund hatte sie auch in Berlin nie gefunden. Genau wie ich im Übrigen. Wir sagten uns, dass wir uns auf die Karriere konzentrierten und eben keine Zeit für eine Partnerschaft hatten. Ich zumindest hatte nie den Eindruck, dass uns jemals ein normaler Mann angesprochen hätte. Wer weiß, ob wir nicht doch noch das Flair der Homosexuellen an uns hatten oder man uns schlicht und ergreifend für lesbisch hielt. Wir waren durch die ganzen Erlebnisse sehr eng zusammengewachsen und unternahmen fast alles gemeinsam.

Ich hatte Arbeit in einer kleinen Musikfirma gefunden. Meine Kollegin schwärmte mir gleich am ersten Tag vor, wie nett die beiden gut aussehenden Chefs seien und dass deren Bekannte, vor allem Männer, die schönsten Menschen wären, die sie je gesehen hatte. Es blieb mir nur kurze Zeit verborgen, dass ich inmitten eines Nestes von Homosexuellen saß. Selbstverständlich fühlte ich mich gewappnet und mit dem einen Chef, Joachim, unternahm ich öfter als mit dem anderen auch privat etwas. Wir hatten uns auf Anhieb sympathisch gefunden und es verband uns eine seltsame Vertrautheit, die ich bisher nur einmal bei jemandem gekannt hatte. Meine Verliebtheit in

Joachim war unvermeidlich, aber Gottseidank kurz. Nur hin und wieder in unbeobachteten Momenten rutschte mir heraus: „Ach Wolfgang, hör mal ...“ Der wunderte sich natürlich darüber, dass ich ihn Wolfgang nannte. Und da ich mir gerade wieder große Sorgen um Petra machte, die jedes Mal, wenn wir über Martin sprachen, in eine immer verzweifeltere tiefe Traurigkeit fiel, erzählte ich Joachim von unser „schwulen“ Zeit und von Interviews, die ich gemacht hatte, um Petra zu helfen.

Er schaute mich lange Zeit prüfend an. Seine Stirnfalte entspannte sich erst, als er sagte: „Das wusste ich natürlich nicht. Es scheint mir aber, dass du grenzenlos naiv an die ganze Sache herangegangen bist und das auch jetzt noch tust. Außerdem hattest du so viele Interviews doch nicht gemacht.“
„Interviews habe ich noch einige gemacht. Sogar auf Ibiza, also mit Leuten, die ich vorher gar nicht kannte. Nur das Ergebnis in Bezug auf Frauen blieb immer das Gleiche. Entweder hatten sie zu Frauen nie sexuellen Kontakt oder, wenn es mal einer versucht hatte, klappte es nicht oder die hatten gerade ihre Tage, wie das bei einem war, der dadurch völlig abgeschreckt worden ist. Einige waren sogar mit Frauen verlobt, was aber nicht lange hielt, also so wie es mir mit dir auch war, du warst ja auch früher mal verlobt. Tja, und ich bin

damals tatsächlich völlig naiv in diese Sache hineingerutscht, genau wie Petra. Aber wir wollten anfangs wirklich nur unseren Spaß beim Ausgehen. Nur als dann die Verliebtheit hinzukam, wurde es schwierig. Für Frauen wie Petra und mich, die eher konservativ erzogen worden waren und vorher nie etwas mit der homosexuellen Szene zu tun hatten, ist so ein Verhältnis wie zu Martin und Wolfgang mit einem insgesamt gesehen so übermäßig großem gegenseitigen Verständnis eher wie die große Liebe zu sehen, die es ja auch gewesen wäre, wären die beiden normal. Ich könnte die Beziehung auch heute noch nicht unter einem Bruder- oder Sandkastenkumpel-Aspekt sehen. Es war etwas anderes. Vielleicht am ehesten mit einer guten Freundin zu vergleichen, obwohl auch der Vergleich hinkt. Bei dir habe ich von vornherein eine Sicherung eingebaut. Als die Gefahr eines ernsthaften Verliebens in dich bestand, habe ich dagegen etwas unternommen, indem ich mir dich einfach als weibliche Person vorstellte. Selbst wenn mir das nicht gelungen wäre, hätte ich dich das nicht merken lassen. Das hätte doch auch sowieso keinen Sinn gehabt. Ich hätte mich privat zurückgezogen, bis es eben vorbei gewesen wäre. Das war auch möglich, weil du von mir nichts Sexuelles wolltest, und ich habe gemerkt, dass ich dich menschlich sehr schätze und ich sehe dich als Freundin."

„Warum ist das bei Wolfgang nicht so geblieben, in ihm sahst du anfangs doch auch nur eine Freundin?“
„Ja, das stimmt. Aber damals hatte ich noch keine Erfahrung mit Homosexuellen und ihrer Lebensart. Bei dir war ich vorgewarnt und habe viel eher als bei Wolfgang gemerkt, dass ich den Menschen sehr gern mag, dessen Intimleben mich nichts angeht und von dem ich auch nichts wissen will. Kurz gesagt, bei einem 'guten Freund' interessiert einen doch nur der Mensch und nicht sein Sexleben. Das Dumme ist nur, wäre dieser Mensch ein normaler Mann ist, kann es durchaus Liebe werden, was auch den Sex beinhaltet und den will man dann auch. So war es bei Wolfgang. Jedenfalls glaubte er, dass er das Sexuelle mit mir auch wollte, weil er sich vorgenommen hatte, normal zu werden. Das klappte aber eben nicht.
Es war genauso wie bei dir mit Frauen ein Kameradschaftsverhältnis. Bei Männern, die dir gefallen, mit denen du dich gut verstehst und die vielleicht homosexuelle Ansätze haben, tust du dich auch schwer, die rein als Kamerad zu sehen.“
Joachim sah mich kurz und seltsam betroffen an, bevor er sagte: „Warum ist Wolfgang eigentlich Alkoholiker geworden?“
„Ich glaube, er wollte damals nur aus Angst vor der Gesellschaft normal werden. Ich war dabei nur ein naiver, bereitwilliger Partner, den er zwar sehr mochte, vielleicht sogar liebte, aber durch das

ewige Versteckspiel vor sich selbst und dem ständigen Druck von außen fing er an zu trinken. Irgendwann als ich, sein Schutzschild vor der Gesellschaft, mich von ihm getrennt hatte und sein neuer Freund auch nicht bei ihm blieb, trank er mehr. Sein Versuch, in die Karibik auszusteigen und endlich ungehindert schwul zu sein, schlug vermutlich auch wegen der Trinkerei fehl, deren unangenehme Seiten dort ebenso wenig gern gesehen werden wie hier. Als er zurückkam, reumütig zum Vater, ohne Arbeit, sah man ihm seinen Alkoholismus bereits an und er ging nicht mehr in die Öffentlichkeit, was ihn auch noch weltfremd machte. Wochenlang sah er außer seinem Vater keinen anderen Menschen, und wenn er doch einmal rausging, versteckte er seine Trunksucht hinter seiner Schwulheit, wegen der er ja angefangen hatte zu trinken. Ein schrecklicher Teufelskreis. Man konnte sich kaum noch mit ihm unterhalten; er wirkt wie eine widerliche, heruntergekommene Tunte. Meine Eltern, die wirklich sozial eingestellt sind, die er oft noch besucht hatte, wollten letztlich mit ihm nichts mehr zu tun haben. Einige ihrer Bekannten hatten sie darauf angesprochen, was sie denn mit dem schwulen Alkoholiker wollten. Es war traurig, weil helfen konnte man ihm wohl nicht mehr – und ich wollte es irgendwann auch nicht - nicht mehr. Ich glaube, ich habe es damals geahnt, dass er nur aus

Angst normal geworden war, als ich mich entschloss, ihn zu verlassen.“
„Weißt du“, sagte Joachim nachdenklich, „dass du dich von Wolfgang getrennt hast, kann ich verstehen. Auf Dauer hätte die Situation niemand ausgehalten. Aber deine Freundin Petra verstehe ich überhaupt nicht. Es ist doch ziemlich dumm von ihr solange auf einen Typ zu warten. Sie wusste, dass er schwul ist und ihr wart auch noch sehr eng mit der Szene verbunden und kanntet solche Abläufe. Ich empfinde ihr Verhalten als nicht sehr glaubwürdig. Das hat bestimmt andere Gründe gehabt.“
„Nicht unbedingt oder besser gesagt, nur zum Teil. Für sie war die Liaison mit Martin beruflich gesehen ebenso günstig wie für ihn. Nur privat war das anders, wenn auch erst viel später. Jedes Mal, wenn sie davon überzeugt war, es hätte keinen Sinn mit Martin, kam von ihm irgendetwas, was sie hoffen ließ. Manchmal waren es Gesten, manchmal das, was er sagte und manchmal sein Benehmen.“
„Ich kann das nicht glauben. Das waren doch wahrscheinlich lediglich Sympathiebezeugungen.“
„Sicher. Im Nachhinein sehe ich das auch so, obwohl Martin vielleicht auch hin und wieder überlegt hat, ob er einen sexuellen Versuch mit Petra wagen sollte und sich möglicherweise nicht traute. Außerdem glaubte Petra, dass sie Martin liebte, was ich heute auch anders sehe. Vergleichbar

ist für dich die Situation, dass du dich in einen normalen Mann verliebst, der durchaus schwule Wesenszüge hat, wie Herumtucken oder dich in den Arm nehmen, so wie es der Thomas eben tut. Er mag dich sehr, aber sexuell will er´s lieber mit Mädchen. Überleg mal, was du alles angestellt hast, um ihn herumzukriegen."

„So ein Quatsch", entrüstete sich Joachim. „Es ist mir völlig egal, ob der schwul ist oder nicht. Ich mag ihn, ich schätze ihn als Mensch und ich weiß, dass er eine Freundin hat!"

„Dasselbe Argument brachte Petra jahrelang vor. Nur stimmte es nicht. Das war ein Selbstbetrug. Sie versuchte sich das gewaltsam einzureden, ohne Erfolg. Das tust du auch."

„Nein! Ich finde Thomas sympathisch ..."

„Natürlich", unterbrach ich ihn, „es wäre auch schlimm, wenn du das nicht tätest. Aber du liebst ihn auch, wie du mir selbst in angetrunkenem Zustand gebeichtet hast. Ob das wirklich Liebe ist, wage ich zu bezweifeln, denn durch körperliche Verweigerung wird jeder Mensch interessanter, vorausgesetzt man hat sich in ihn verliebt."

„Ich bin aber nicht in ihn verliebt!" Joachim wurde richtig böse.

„Und das stimmt eben nicht! Ich will dir Beispiele geben, auch wenn das von mir vielleicht anmaßend ist und dich sogar zu noch größerem Versteckspiel animiert – vor dir selbst, versteht sich, aber ich kenne dich lange genug, um deine Behauptung zu widerlegen und dich vor dir selbst zu warnen, denn die Schuld von Thomas ist es wahrhaftig nicht."

„Aber ..."

„Hör zu, auch wenn es wehtut. Durch dein merkwürdiges Verhalten verletzt du andere in deiner nächsten Umgebung nämlich viel mehr. Vielleicht hast du das bisher nicht bemerkt, aber manch dummer Streit ist das Resultat deines Verhaltens, dieses Versteckspiels. Und das ist doch absolut unnötig. Bei Petra war es genau dasselbe. In ihrer Situation hatte und in deiner hat der sexuelle Akt eine so übermäßige Wichtigkeit bekommen, die an wahrer Liebe zweifeln lässt. Ich bin davon überzeugt, dass, wenn Petra damals mit Martin geschlafen hätte, die Beziehung ohne große Probleme auseinandergegangen wäre. Ob du Thomas wirklich liebst, könntest du nach dem sexuellen Akt mit ihm sehr schnell feststellen."

„Aber das Sexuelle ist mir doch völlig egal."

„Nein, das ist es eben nicht. Die Gaby oder den Michael magst du zum Beispiel auch sehr gern, aber du willst nichts Sexuelles von ihnen und verhältst dich in ihrer Gegenwart deshalb ganz normal. Wenn Thomas da ist, bist du ganz anders. Du wirst mit deinem Versteckspiel vor dir selbst nicht fertig, weil du deine Gedanken in Richtung verliebt sein, verdrängen willst und musst, vor allem vor Thomas.

Der Frust und die Aggression, die daraus entstehen, lässt du an den anderen aus, die dir eigentlich nichts getan haben. Diese anderen wissen gar nicht, wie ihnen geschieht, sie sind sich ja keiner Schuld bewusst und reagieren zu Recht ihrerseits aggressiv. Deine Aggressionen treffen besonders die Leute, die dich sehr gut kennen, von denen die Gefahr ausgeht, dass sie dich durchschauen. Das willst du nicht und gehst deshalb in die Offensive, wodurch du erst recht ihre Aufmerksamkeit, die ich hier Sorge nennen möchte, auf dich ziehst. Dadurch versteckst du dich immer mehr. Und irgendwann stehst du vor dir und kennst dich selbst nicht mehr. Wenn dann in einem solchen Moment noch die dir inzwischen bekannte Situation hinzukommt, dass Thomas dir seine neue Freundin vorstellt, auch um dir wieder klar zu machen, dass er normal ist, ist die Gefahr eines völligen Durchdrehens gegeben. Da du dann die meisten deiner Freunde schon vergrault hast, stehst du vor dem Chaos deines Lebens und denkst mit ziemlicher Sicherheit zumindest über Selbstmord nach."

„Und das, weil du einen Typen sympathisch fandest", setzte ich ironisch nach.

Scheinbar hatte ich den Punkt genau getroffen, denn Joachim wurde persönlich und fauchte mich hasserfüllt an: „Das alles geht dich doch gar nichts an. Du versuchst mir etwas einzureden. Ich mag den Thomas einfach so. Die Situation deiner Freundin kannst du nicht auf mich beziehen. Nur weil du schon mal so etwas erlebt hast, musst du nicht glauben, dass du mir auch so etwas andichten kannst; nur um mit einer Situation, die für dich heute noch ein Problem ist, fertig zu werden. Das ist mehr als egoistisch und mir gegenüber ist es eine riesengroße Frechheit. Du willst nur meine Freundschaft zu Thomas zerstören. Du bist eifersüchtig!"

„Hätte ich gänzlich unrecht, würdest du nicht so reagieren. Ob meine Vergleiche zu Petras damaliger Situation auf dich zutreffen, kannst nur du dir selbst beantworten. Übrigens wurde Petra, genau wie du in letzter Zeit, immer total nervös, wenn Martin längere Zeit, praktisch unbeaufsichtigt von ihr, etwas anderes tat, als sie. Sie wurde vor Sehnsucht nach ihm fast verrückt. Und durch dein momentanes Verhalten gibst du meiner ganz persönlichen Vermutung, dass Petras Situation auf dich zutrifft, recht. Es ist ein weiteres Beweisstück für mich."

„Ein weiteres?"

Joachim war sichtlich schockiert darüber, dass ihn jemand durchschaut haben könnte.

„Dann erzähl mir mal, woran du das bisher festgestellt haben willst."

„Es sind sehr viele Kleinigkeiten, die als Puzzle zusammengesetzt den Beweis ergeben."

„Und die wären, du Detektiv?“, fragte Joachim sehr zynisch mit überlegenem Gesichtsausdruck, der allen scheinbaren Angriffen gewappnet schien.
„Einerseits nimmst du Thomas zu fast allen Gelegenheiten mit.“
„Daran ist nichts Ungewöhnliches! Er muss die meisten Leute aus beruflichen Gründen kennenlernen. Du bist nur neidisch, weil du nicht mitgenommen wirst.“
„Und ich sage dir, der Grund ist, dass du ihn möglichst rund um die Uhr in deiner Nähe haben willst, um die Möglichkeit einer neuen Freundin weitestgehend auszuschließen.“
Joachim holte tief Luft, aber bevor er etwas sagen konnte, führte ich weiter aus: „Außerdem führst du ihn langsam in die Homosexuellenszene ein. Natürlich mit dem Argument, dass neben der beruflichen Schiene inzwischen auch eine rein private, freundschaftliche zwischen euch entstanden ist, und du ihm die andere Seite deiner Person und deines privaten Lebens zeigen willst.“
„Ja und? Das ist doch mein gutes Recht und meine ganz private Angelegenheit.“
„Richtig. Eine andere Beobachtung ist die, dass jedes Mal, wenn Thomas jemanden in den Arm nimmt, wie mich zum Beispiel, wobei sich nun wirklich niemand etwas denkt, du ihn sofort durch eine plötzlich wichtige Arbeit oder ein Gespräch ablenkst.“

„Arbeit ist nun mal wichtiger als ein Flirt."
„Ja, finde ich auch. Aber erstens ist das kein Flirt, noch nicht einmal etwas ähnliches und mit deinem verkrampften Gedanken 'wenn nicht ich, dann wenigstens auch niemand anderes', versuchst du deshalb möglichst immer mit ihm allein zu sein, während der Arbeitszeit und auch privat."
„Wir sind arbeitsmäßig ein gutes Team, wobei ein anderer nur stören würde. Und abends wird es oft so spät, dass wir eben noch allein etwas trinken gehen, weil ..."
„Bevor du weiterredest und ich wieder 'richtig' sagen muss, weil man eine jeweils einleuchtende Erklärung für diese Beweisstückchen finden kann – übrigens ein weiteres Puzzleteilchen ist es, wenn das alles völlig aus der Luft gegriffen wäre, dann würdest du mir nicht eine einzige Erklärung geben - möchte ich meine Puzzlestücke auf eine andere Situation beziehen. Wenn ich dich frage, eine Freundin von mir wird in letzter Zeit häufig mit einem Arbeitskollegen gesehen, sowohl zu beruflichen Anlässen als auch privaten, und sie reagiert regelrecht zickig, wenn eine andere mit ihm spricht oder ihn gar berührt, wie würdest du das denn deuten? Um ehrlich zu sein, würdest du mir antworten, die hat sich bestimmt in den Mann verliebt – oder?"
Auf Joachims Gesicht spiegelte sich sekundenlang eine wilde, sehr gegensätzliche Mimik wider, bevor

er leise sagte: „Ja, du hast recht. Ich mag Thomas wirklich gern, aber ich kann doch nichts dafür, dass ich schwul bin und er nicht!"
„Mit Schwulsein oder nicht hat das nichts zu tun. Das sind ganz normale menschliche Reaktionen. Schau", sagte ich beruhigend, „die Sexualität an sich gehört zum Menschen, die kann niemand ausklammern. Der eine wählt die Heterosexuelle, der andere die Homosexuelle. Innerhalb seiner Sexualität findet man im Allgemeinen auch die 'große Liebe des Lebens', die wiederum Zärtlichkeitsbedürfnis, Zusammengehörigkeitsgefühl und Eifersucht beinhaltet."
„Hm, ja", dachte Joachim nach, „Aber ich kann mich nicht daran erinnern meine Sexualität gewählt zu haben. Ist die nicht eher angeboren?"
Auf dieses Ablenkungsmanöver ließ ich mich nur zu gern ein. Und so bekam Joachim ein ganzes Referat über meine über die Jahre angelesenes und erfahrenes Wissen zu hören.

„Das ist eine uralte Frage der Wissenschaft, die wohl nie eindeutig geklärt werden kann, obwohl allgemein angenommen wird, dass der Mensch bisexuell geboren wird."
„Dann muss es doch aber irgendwann einen entscheidenden Moment geben, der den Ausschlag zur Hetero- oder Homosexualität gibt."

„Es gibt in der Wissenschaft unterschiedliche Theorien, die anhand von Einzelfällen durchaus bewiesen werden, obwohl sie im Grunde genommen meistens auf der bereits getroffenen Sexualorientierung beruhen und man diese Erkenntnisse schwer auf die Allgemeinheit beziehen kann. Die Hauptschwierigkeit besteht sicher darin, dass du einen erwachsenen Menschen vor dir hast, der weiß, dass er homosexuell ist und die Ursachen seiner Homosexualität sehr weit zurückliegen. Nun neige ich auch zu der Auffassung des Kinsey-Instituts[14], dass die Orientierung zur endgültigen Sexualität weit vor der Adoleszenz, also zwischen dem 17. bis 20. Lebensjahr, stattgefunden hat, auch wenn bis dahin keinerlei sexuelle Praktiken ausgeführt wurden. Der homosexuelle Erwachsene, der die Ursachen seiner Homosexualität ergründen will, muss sich jetzt erst einmal zurückerinnern, wann er zum ersten Mal sein Anderssein konkret festgestellt hat. Im Schnitt liegt diese Erkenntnis zwischen dem 14. und 17. Lebensjahr, also mitten in der Pubertät. Davon ausgehend können einige frühere Schlüssel-erlebnisse des Einzelnen auf das Ergebnis 'ich bin homosexuell' bezogen werden. Die Erinnerung

---

[14] Der erste Kinsey Report wurde bereits 1948 veröffentlicht (auf Deutsch erst 1955) und gilt als Auslöser für die sexuelle Revolution. Das Kinsey Institut in Indiana, USA, forschte erstmals über das Sexualverhalten der Menschen

reicht bei den meisten Menschen bis zum 7./8. Lebensjahr zurück, bei den wenigsten bis zum 5. Das ist das typische Alter für die sogenannten Doktorspiele, die man allgemein als erstes Untersuchen des eigenen Körpers im Vergleich zu dem des anderen Geschlechts bezeichnet und die ein erstes sichtbares Aufflackern des Sexualtriebes sind. Jetzt ist die Frage, ereignen sich spätere Schlüsselerlebnisse aufgrund der Doktorspiele beziehungsweise der daraus erhaltenen Erfahrungswerte als Beginn der Sexualorientierung oder sind die Doktorspiele ein erstes praktisches Ergebnis der bereits innerlich festgelegten Sexualorientierung, deren Tatsache und Folgen mit der Entwicklung oder Einstellung weitestgehend Gleichaltriger verglichen werden soll. Eine Antwort bleibt ohne Beweise, denn die Schlüsselerlebnisse ereignen sich sowohl als auch. Nur sind Ursache und Wirkung grundsätzlich verschieden.

Bei Annahme 1, dass Doktorspiele der Beginn der Orientierung sei - müssten die Schlüsselerlebnisse die Sexualität in eine andere Richtung lenken. Das heißt bei einer übermäßigen Mutterbeziehung inklusive der möglicherweise unbeabsichtigten, aber dennoch passierenden Erziehung 'ich, die Mutter bin die beste und einzige Partnerin meines Sohnes', wie es bei Martin war, müsste mit dem Schlüsselerlebnis 'Lösung des Problems Mutter' einer Umorientierung von der Homosexualität zur Heterosexualität im Bereich des Möglichen liegen. Ein Beweis für diese Annahme wäre die Umorientierung von Hetero- zur Homosexualität in späteren Jahren (ab 30), wobei der Grund hierfür ebenso gut in der Erziehung und dem Druck der Gesellschaft liegen kann.

Bei Annahme 2, dass Doktorspiele das Resultat der Orientierung seien, wären die Schlüsselerlebnisse nur Anstöße des Unterbewusstseins, um das Bewusstsein darauf hinzuweisen, dass das Verhalten des Menschen nicht mit der Orientierung übereinstimmt; das heißt, die Schlüsselerlebnisse korrigieren den Kurs des Bewusstseins und somit wäre keine Umorientierung möglich. Ein Beweis dafür wäre die Feststellung einiger Homosexuellen, mit denen ich gesprochen habe, dass sie sich schon in frühester Kindheit 'anders' gefühlt haben, sodass der dadurch entstehende Druck zu Schlüsselerlebnissen führen kann.
Diese Annahme leuchtet mir eher ein, denn es ist Tatsache, dass man Homosexualität weder 'wegtherapieren' noch 'heilen' kann, auch nicht durch Hormonkuren, wie einmal ein Wissenschaftler aus der DDR angekündigt hat. In diesem Fall müsste die eigentliche Umorientierung in der Zeit, an die man sich nicht mehr erinnern kann, und der Geburt liegen. Erziehung und soziale Aspekte klammere

ich weitestgehend aus, denn ein Junge, der Fußball spielte, wird nicht logischerweise heterosexuell und ein Junge, der mit Puppen spielte, nicht zwingend schwul. Es gibt genügend Gegenbeispiele, auch wenn es ihm erziehungsmäßig verboten wurde, mit Puppen zu spielen, resultiert daraus nicht unbedingt eine andere Sexualität. Hinzu kommt noch, dass es in der Kindheitsentwicklung bis hin zur Adoleszenz keine konkreten Anhaltspunkte gibt, die direkt auf schwul oder normal hinweisen. Alle Stationen sei es 'lieber mit Jungen oder Mädchen gespielt' oder ' mit welchem Geschlecht erstes Petting gemacht', kommen im vergleichbaren Ausmaß in beiden Bereichen vor."
„Das mag ja richtig sein", sagte Joachim, der durch meinen wissenschaftlichen Monolog etwas verwirrt schien, „aber, ich verstehe nicht ganz, was du damit beweisen willst."
„Im Klartext heißt das, dass sich ein Homosexueller die Frage, wann und warum er schwul geworden ist, nicht beantworten kann, und schon gar nicht die Frage, ob ihm seine Homosexualität in die Wiege gelegt wurde.
Übrigens scheitert auch Sigmund Freud letztendlich an der Frage. Er schließt einerseits das angeboren sein der Inversion, wie er die Homosexualität nennt, aus, denn er ist nicht der Meinung, 'dass eine Person die Verknüpfung des Sexualtriebes mit einem

bestimmten Sexualobjekt angeboren mitbringt'[15]. Andererseits kann er die Annahme, die Inversion 'werde erworben'[16] auch nicht konkret nachweisen, obwohl er davon überzeugt ist, 'dass ein genaueres Examen der für angeborene Inversion in Anspruch genommenen Fälle wahrscheinlich gleichfalls für die Richtung der Libido (Geschlechtstrieb) bestimmendes Erlebnis der frühen Kindheit zutage fördern würde'[17]. In meinen Gesprächen mit Homosexuellen sind mir auch immer wieder Erlebnisse aufgefallen, die auf eine Orientierung hin zur Homosexualität hinzuweisen scheinen."

„Aber dann müsste doch die Erziehung eine große Rolle spielen, durch die man derartige Erlebnisse bewusst herbeiführen oder vermeiden kann", warf Joachim ein.

„In manchen Fällen mag das stimmen. Die Erziehung ist für den, der erzogen wird, eine Art Lernprozess, in dem Fakten wie, 'das tut man, das tut man nicht', vermittelt werden. Der Lernende muss aber nicht automatisch zum selben Ergebnis kommen wie der Lehrer, und wenn doch, kann es auf anderen Wegen geschehen. Außerdem ist der Sexualtrieb an sich angeboren, also vor der Erziehung existent, die unter anderem die Aufgabe

---

[15] Zitat von Siegmund Freud aus „Der Abhandlungen zur Sexualtheorie"

[16] Sieh Fußnote 14 Kinsey Report

[17] Siehe Fußnote 14 Kinsey Report

hat, den Sexualtrieb in dem jeweils üblichen gesellschaftlichen Rahmen zu bändigen – zum Beispiel 'in der Öffentlichkeit küsst man sich nicht' oder 'Gruppensex ist unanständig'. Dadurch können natürlich psychische Stresssituationen entstehen, auch in der Kindheit, denn beim 'Doktor spielen' erwischt zu werden, hat schon immer weitreichende Folgen gehabt. Jedoch die Erziehung als einen ausschlaggebenden Grund für die sexuelle Orientierung anzusehen, scheint sehr fragwürdig. Demnach müssten dann nämlich zwei Brüder mit derselben Erziehung beide entweder homo- oder heterosexuell werden. Es gibt aber genügend Beispiele, wo unter der Voraussetzung, der eine homo-, der andere heterosexuell geworden ist. Sicher hinkt dieser Vergleich, denn dieselbe Erziehung gibt es nicht für zwei Menschen. Dennoch scheint mir die Erziehung kein Grund für die Orientierung zu sein. Die Erziehung ist für mich eher eine Ursache für sexuelles Extremverhalten wie Sadomasochismus (sexuelle Erregung bei erhaltenen und selbst ausgeteilten Misshandlungen und Quälereien. Zum Beispiel Orgasmus beim Auspeitschen von anderen oder beim selbst ausgepeitscht werden). Diese Dinge kommen allerdings im gleichen Ausmaß in homo- wie im heterosexuellen Bereich vor.
Sigmund Freud stuft die Homosexualität übrigens in die Sparte 'sexuelle Extremverhalten' ein.“

„Das ist ja alles sehr schwierig“, stöhnte Joachim.

„Ja. Allerdings wahrscheinlich ist das Thema einfach zu vielschichtig, um bei den vielen Betroffenen unter Berücksichtigung ihrer Lebensumstände auf ein bestimmtes Faktum zu kommen. Vielleicht ist es ein Trost, dass der Heterosexuelle auch nicht sagen kann, wann und warum er normal geworden ist. Zwar kann der leicht sagen, es sei wegen der Fortpflanzung und Arterhaltung. Das bezweifle ich aber auch, denn fortpflanzen kann man sich ja auch, ohne seine Sexualität beziehungsweise seinen Spaß an einer bestimmten Sexualpraktik zu ändern.“

Es herrschte längere Zeit Stille. Dann sinnierte ich: „Ich hatte da mal so einen Gedanken, ob die Ursache der Homosexualität nicht einfach eine 'andere Lebenseinstellung' ist.“

„Wie meinst du das denn?“, fragte Joachim verblüfft.

„Na ja, die 'normale' Lebenseinstellung beruht doch auf dem Gedanken, dass die Menschheit nach uns fortbestehen soll. Dazu braucht man Nachwuchs. Diejenigen, die diesen Weg gewählt haben, leben nach dem groben Verhaltensmuster 'Ehe, Kinderkriegen, Anpassung an die Gesellschaft'. Die Homosexualität könnte doch daraufhin eine andere Lebenseinstellung mit dem Verhaltensmuster 'allein leben, keine Kinder, geringstmögliche Anpassung an die Gesellschaft' sein. Beide Verhaltensmuster basieren nicht auf der Sexualität, sondern drücken ihre Lebenseinstellung durch eine jeweils spezialisierte Sexualitätsform aus. Vielleicht begründet das die Beobachtung, dass diejenigen, die innerhalb der 'normalen' Gesellschaft eine freiheitlichere sexuelle Einstellung haben und deshalb an den Rand der Gesellschaft gedrängt werden, mit den Homosexuellen besser auskommen und mehr Verständnis für sie haben, wie die Homosexuellen selbst sagen. Die mit der freiheitlicheren sexuellen Einstellung und die Homosexuellen haben zumindest eins gemeinsam; es gibt selten länger andauernde Partnerschaften mit einem anderen Menschen - und genau darauf reagieren die ganz 'normalen' mitleidig. Bei den 'halbnormalen' Junggesellen wohlwollend-mitleidig, bei den 'unnormalen' Homosexuellen abweisend oder aggressiv-mitleidig. Beweisen lässt sich das leider auch nicht. Tatsache ist jedenfalls, dass es Homosexualität immer geben wird und immer gab - bei den Griechen, Römern und im Alten Testament. Das ist doch wenigstens etwas konkretes.“

„Na“ meinte Joachim aufatmend, da ich mit meinem wissenschaftlichen Erguss fertig zu sein schien, „ich werde dich in Zukunft Dr. h.c. nennen.“ Auf meinen fragenden Blick sagte er: „Dr. homosexualis causa.“

Ich musste furchtbar lachen. „Ja klar! Es war schon immer mein Traum, zur Ehrenschwuchtel ernannt zu werden. Aber guck mal, was da ins Restaurant hereinkommt!“

Joachims Augen leuchteten auf bei dem Anblick des jungen, blond gelockten Mannes mit dem fein geschnittenen Gesicht und hilflosem Blick.

Er raunte mir zu: „Es ist mir egal, warum ich schwul bin. Den muss ich kennenlernen!“

Er sprang auf, vergaß mich und seine nicht anwesende unerfüllte Liebe Thomas völlig und verwickelte den Schönen in ein intensives Gespräch, bei dessen Ende Frauen grundsätzlich ausgeschlossen sind.

Resümee

Ungezwungen Spaß haben, das war nach zwei Weltkriegen ein wichtiger Motor für die sehr anstrengende Wiederaufbauarbeit des Landes besonders in Deutschland. Vielleicht ist das eine Erklärung dafür, dass es nach Kriegsende Lockerungen in den Ansichten und verknöcherten Strukturen der „Alten“ gab. Auch wenn das langsam vonstattenging – und genaugenommen noch einige Generationen gedauert hat, konnte sich das Wilde der Hippies durchsetzen. Man wurde weltoffener, denn man lernte andere Lebensmentalitäten kennen und suchte sich die schönsten Dinge wie Musik, freie Liebe und die besten Lebensarten der Multi Kulti - Bevölkerung heraus und lebte scheinbar vorurteilsfrei. Es war eine weltweite Bewegung, die nicht zuletzt durch die Musik (fast) die ganze Welt eroberte.
Viele Musiktitel ließen die Diskotheken erbeben. Besonders bei den nachfolgenden Titeln stürmten die homosexuellen Männer auch die Tanzflächen der „normalen“ Discos. Bei „YMCA“ von den Village People, DER Homohymne schlechthin, gab es kein Halten mehr, weder für homosexuelle noch für heterosexuelle Tanzwütige.
Folgende Songs wurden zwar auch in normalen Discos gespielt, waren aber ganz besonders in schwulen Lokalen absolute „Muss“ Titel der DJs:

Marianne Rosenberg - Ich bin wie du
Amanda Lear - Blood and Honey
Bee Gees - Night Fever
Donna Summer - Hot Stuff
Sylvester You make me feel
Abba - Dancing Queen
Grace Jones - La vie en rose

Für Petra und mich wurde der Song „I Will survive" von Gloria Gaynor ein überlebenswichtiger Titel, der monatelang täglich mehrfach gehört wurde und der mich heute noch sofort daran erinnert, wie verzweifelt und traurig wir damals waren.

Heute, im Jahr 2021, können Homosexuelle heiraten und auch Kinder adoptieren. Natürlich gibt es immer wieder Menschen, die diese Lebensweise torpedieren und verurteilen. Und möglicherweise durch den Rechtsruck in der Welt nehmen offene Anfeindungen wieder zu. Homosexualität, LGBT und die queere Lebensweise sind in vielen Ländern wieder in die Schusslinie geraten. Deshalb ist es wohl an der Zeit, den Aspekt der „Freiheit zu leben, wie man möchte" wieder an die Öffentlichkeit zu bringen und aufgrund der Früherfahrungen späterer männlicher Homosexueller zu zeigen, dass alle mehr oder weniger normale Kindheiten erlebt haben. Deshalb ist eine sexuelle Ausrichtung nicht veränderbar. Wenn beispielsweise zwei Brüder das

gleicht erlebt haben, dann können sie dennoch eine andere sexuelle Ausrichtung haben.
Darum kann die Frage, ob ein homosexueller Mann für eine Frau, die er liebt, sexuell „normal", also heterosexuell, werden könnte so beantwortet werden: Nein, das kann er nicht.
Ziemlich wahrscheinlich gibt es diese Situation auch andersherum: Ein heterosexueller Mann verliebt sich in eine lesbische Frau. Und auch er wird sehr darunter leiden. Darüber kann ich natürlich mutmaßen, denn ich kannte solch einen Fall nicht. Allerdings konnten Frauen von jeher als Freundinnen zusammenleben, ohne dass man ihnen sofort eine lesbische Beziehung unterstellte. Zudem war die gleichgeschlechtliche unter Frauen nicht strafbar. Somit brauchten sie nicht unbedingt einen Alibi-Mann nach außen hin.
Aber es liegt vielleicht auch in der Natur des Menschen, ganz besonders das zu wollen, was nicht geht.
Die 1980er-Jahre waren eine wilde Zeit, in der viele Traditionen aufgebrochen wurden. Die generelle Einstellung zur Sexualität wurde offener, nicht zuletzt durch die Erfindung der „Pille[18]". So auch

---

[18] Die „Pille" kam als Verhütungsmittel 1960 zuerst in den USA auf den Markt. Ab 1961 konnte man sie auch in Deutschland kaufen. Quelle: Bundeszentrale für politische Bildung; 55 Jahre „Pille" Artikel vom 18.08.2015 https://m.bpb.de/politik/hintergrund-aktuell/210997/55-jahre-pille-

die bis dahin eher heimliche Auslebung der Homosexualität. Vielleicht war es auch die Gefährlichkeit in den damaligen Jahren, ein schwules Leben zu leben, die die Ausgelassenheit im geschützten Raum so wild und ungezwungen sein ließ. Denn bis Ende 1979 war körperliche Liebe zwischen Männern verboten. Mann konnte dafür ins Gefängnis kommen – Frau hingegen wurde selten geahndet und im Gesetzestext des Paragrafen 175 nicht erwähnt.
Damals, Ende der 1960er-Jahre lockerte sich die strafrechtliche Seite. Männer über 21 Jahre konnten ungestraft Sex miteinander haben. Abgeschafft wurde der Schwulenparagraf 175 aber erst 1994.
Es ist nach wie vor nicht leicht, anders zu sein. Es erfordert viel Mut, Entschlossenheit und Durchhaltevermögen. So wie es überall Homosexualität gibt, wird es auch immer und überall Anfeindungen geben, wenn man anders als die Allgemeinheit lebt. Die Männer, von denen hier erzählt wird, haben das alle an eigenem Leib erleben müssen.

Vieles hat sich in den vergangenen Jahrzehnten geändert. Lediglich eines nicht und ich fürchte, das wird sich auch nicht ändern. Wenn sich eine heterosexuelle Frau in einen homosexuellen Mann verliebt, hat sie gar keine Chance auf ein erfülltes Sexualleben mit ihm. Auch wenn sie sich sonst sehr gut verstehen. Das scheint schlimmer und

schwieriger als von einem heterosexuellen Mann abgewiesen zu werden, weil mit ihm intimer Verkehr immerhin möglich wäre.
Vielleicht ist genau das, was Frauen wie Petra und Lieschen anstachelt, es wieder und wieder zu versuchen, obwohl sie wissen, dass es unmöglich ist. Andererseits trug das Verhalten der Männer in unserem Fall dazu bei, weitere Versuche zu unternehmen. Besonders Wolfgang schien ja sogar zu versuchen, für Lieschen hin und wieder „normal“ zu werden. Wenn dann noch die Unlogik der Verliebtheit hinzukommt, ist aufgeben natürlich keine Option und die Frauen verstricken sich in immer wildere Erklärungen, warum es denn nun wieder nicht geklappt hat. Zudem waren wir in der „Normalität“ unserer Kleinstadt gefangen. In einer Großstadt dürfte das vielleicht anders verlaufen. Darum sind viele Männer damals in Großstädte gezogen. Doch Lieschen hat es dort nicht viel anders als in ihrer Kleinstadt erlebt.
An dem Titel dieses Buches „Mister Rosée“ kann man das teilweise sehr versteckte Leben der Homosexuellen ersehen, denn „rosé“ ist die männliche Form von dem französischen Wort rosa „rosée“ die weibliche. Haben sie den kleinen Unterschied bemerkt? Und wer weiß schon, ob der Herr neben Ihnen männlich oder weiblich ist. Rosa war die vorherrschende Farbe in den reinen Schwulenbars und Discos.

Mein Thema „heterosexuelle Frau liebt homosexuellen Mann“ wird es immer geben, egal wie die schwulen Männer ihr Leben dürfen oder müssen. Nur ist es heute in der Regel einfacher zu wissen, wer „es“ ist, weil viele offener leben. Aber eben nicht alle und daran können Frauen zerbrechen. Das sollte ein Mann immer in seinem Bewusstsein haben.
Und den Frauen rate ich dringend, sich die Antwort auf ihre Frage, ob man ihn umpolen kann, zu verinnerlichen. Die Antwort ist natürlich: NEIN! Und falls der Mann doch einen Ausflug in die Heterosexualität wagt, dann ist der nur kurz und im doppelten Sinn des Wortes recht unbefriedigend.
Er wird einfach nicht heterosexuell werden. Und vielleicht kann dieses Büchlein dazu beitragen, dass Männer Frauen, die eindeutig heterosexuell sind und sich verliebt haben, nicht mehr als Alibi benutzen. Es könnte den Frauen ein Leben lang schaden, auch wenn die es nie zugeben würden.

Anhang: Definition Homosexualität in deutschen Lexika ab 1955

In der Welt der Lexika kann man tatsächlich auch den Gesinnungswandel der Bevölkerung erkennen. Im deutschen Fall ist hauptsächlich der „Duden" maßgeblich. Folgende Einträge gab es im Laufe der Jahrzehnte im Fremdwörterbuch des Duden:

1966
Homosexueller *– der Homosexualität Verfallener*

1974 und 1982:
Homosexueller *- jmd. der homosexuell veranlagt ist*

1997 und 2020
Homosexueller *– homosexuelle männliche bzw. weibliche Person*

Hier noch einige interessante Ergebnisse einer Facebook-Recherchegruppe:

- Vielleicht ist in dem Zusammenhang noch interessant, dass im Duden der DDR von 1972 noch das Wort „widernatürlich" im Zusammenhang mit Homosexualität benutzt wurde. Der §175 wurde in der DDR bereits im Jahr 1989 abgeschafft.
- Der „Kleine Brockhaus" von 1955 schrieb zum dem Wort Homosexualität: …; oft durch Psychotherapie heilbar. …

Zur Autorin:

Lieschen Müller – Liebmann ist ein einmaliges Pop-up Pseudonym.
Sie und ihre ProtagonistInnen lebten damals bis Anfang der 1980er Jahre in einer kleinen Stadt in Norddeutschland und sind dort auch aufgewachsen.

Der Beruf (und die Liebe) verstreute sie in alle Winde. Sie hatten später nur noch selten bis gar keinen Kontakt mehr.